历史教学与思维创新研究

林清新 刘惠荣 赵文祥 ◎ 著

山西出版传媒集团 山西人民出版社

图书在版编目（CIP）数据

历史教学与思维创新研究/林清新,刘惠荣,赵文祥著.–– 太原:山西人民出版社,2023.6

ISBN 978-7-203-12855-7

Ⅰ.①历.. Ⅱ.①林... ②刘... ③赵... Ⅲ.①历史教学–教学研究 I.①K-42

中国国家版本馆CIP数据核字(2023)第100932号

历史教学与思维创新研究

著　　者：林清新　刘惠荣　赵文祥
责任编辑：贾　娟
复　　审：李　鑫
终　　审：梁晋华
装帧设计：博健文化

出 版 社：山西出版传媒集团·山西人民出版社
地　　址：太原市建设南路 21 号
邮　　编：030012
发行营销：0351-4922220　4955996　4956039　4922127（传真）
天猫官网：http：//sxrmcbs.tmall.com　电话：0351-4922159
E‐mail：sxskcb@163.com　发行部
　　　　　sxskcb@126.com　总编室
网　　址：www.sxskcb.com

经 销 者：山西出版传媒集团·山西人民出版社
承 印 厂：廊坊市源鹏印务有限公司

开　　本：787mm×1092mm　　　1/16
印　　张：13.5
字　　数：180
版　　次：2024 年 6 月　第 1 版
印　　次：2024 年 6 月　第 1 次印刷
书　　号：ISBN 978-7-203-12855-7
定　　价：88.00 元

如有印装质量问题请与本社联系调换

前言

伴随着现阶段教育改革工作的持续深入推进，课程改革大背景之下，教育创新的问题也开始越来越多地受到社会各界的广泛关注。教育教学活动的开展过程中，要求教师能够更多地鼓励学生进行合作交流、自主探索，重视培育学生的实践应用能力以及信息技术应用能力。而面对教学改革给教育教学活动带来的一系列新的要求，中学历史课堂的教学也需要能够做到与时俱进，紧紧跟随时代前进的步伐，对传统的教育模式进行改革，使得教学质量能够真正得到有效提升。中学课程体系中历史课程是一门必修课程，其教学意义往往不可忽视。而为了有效提升中学历史课程的教学质量，教师则需要能够合理地在课堂中融入多样化教学，使得教学效率和教学质量能够真正得到有效提高。

本书从为读者提供实战化启发角度出发，用十一章内容，系统化地为读者讲述中学历史教学设计的基本理论、中学历史教学目标的设计、中学历史教学设计改革、中学历史教学方法、中学历史教学模式、中学历史教学效果影响因素与优化策略、中学历史教学效果的具体优化措施、合作教学的历史微课教学探究、培养核心素养的历史微课教学、历史教学评价方法、历史教师的发展等知识点。通过阅读本书，读者将熟练掌握历史教学所需的实战技能，对个人工作能力提升及职场升迁具有重要意义。本书适用于所有从事历史教学的职场人士，也适用于高校师范专业的学生，同时适用于对历史教学感兴趣的广大读者。

在本书的策划和编写过程中，曾参阅了国内外有关的大量文献和资料，从其中得到启示；同时也得到了有关领导、同事、朋友及学生的大力支持与帮助。在此致以衷心的感谢。本书的选材和编写还有一些不尽如人意的地方，加上编者学识水平和时间所限，书中难免存在缺点，敬请同行专家及读者指正，以便进一步完善提高。

目录

第一章 历史教学设计的基本理论

第一节 历史教学设计的基本概述

一、教学设计的含义

教学设计（Instructional Design，简称 ID）规范的名称为"教学系统设计"。教学设计是为了实现教学目标、教学策略和教学评价而实施的一项针对教学的特殊的设计活动。

教学设计这一词最早出现在加涅的《教学设计原理》一书中，这本书的面世标志着教育领域一门崭新的、独立的学科的诞生。20 世纪 80 年代初期，众多学者对教学设计有了深入的认识，使得教学设计得到了进一步的发展，加涅等学者在第一代教学设计理论的基础上对教学设计进行研究，也构建了一些新的教学设计模型。20 世纪 80 年代末，教学设计理念引入我国，我国学者开始重视教学设计，并对此进行研究，努力达成教学设计理念与教育体系、教学实践活动完美结合的局面。由于早期相关著作和资料的稀少，使得研究一度进行缓慢，这个状况直到 20 世纪 90 年代中期之后才得以缓解。

教学设计的具体解释，在国外有如下的几种说法：

加涅在《教学设计原理》中写道："教学是以促进学习的方式影响学习者的一系列事件，而教学设计是一个系统化规划教学系统的过程。"

布里格斯认为："教学设计是分析学习需要和目标，以形成满足学习需要的传送系统的全过程。"

史密斯和雷根在《教学设计》一书中指出，教学设计是"把学习与教学原理转化成对教学材料、活动、信息资源和评价的正规化这一系统的、反思性的过程"。

肯普提出："教学系统设计是运用系统方法分析研究教学过程中相互联系的各部分问题和需求，确立解决它们的方法和步骤，然后评价教学成果的系统计划过程。"

梅瑞尔在《教学设计新宣言》一文中将教学设计概括为："教学是一门科学，而教学设计则是建立在教学科学这一坚实基础上的技术，因而教学设计也可以被认为是科学型的技术。教学的目的是使学生获得知识技能，教学设计的目的是创设和开发促进学生掌握这些知识技能的学习经验和学习环境。"

帕顿在《什么是教学设计》中表示："教学设计是设计科学大家庭的一员，设计科学各成员的共同特征是用科学原理及应用来满足人的需要。因此，科学设计是对学业业绩问题的解决措施进行策划的过程。"

瑞奇认为，教学设计是"为了便于学习各种大小不同的学科单元，而对学习情景的发展、评价和保持进行详细规划的科学"。

而我国的大部分学者将教学设计归纳为以学习理论、教学理论和传播理论为基础，运用系统的观点和方法，分析研究教学需求和教学问题，建立解决问题的策略方案，通过评价不断修改和完善方案，以优化教学效果和提高教学绩效为目的的一种可操作的过程。

学者李伯黍表示："所谓教学设计就是为了达到一定的教学目的对教什么（课程、内容等）和怎么教（组织、方法、传媒的使用等）进行设计。"

乌美娜认为："教学系统设计是运用系统方法分析教学问题和确定教学目标，建立解决教学问题的策略方案、试行解决方案、评价试行结果和对方案进行修改的过程。"

何克抗等学者认为："教学设计是运用系统方法，将学习理论与教学理论的原理转换成对教学目标、教学内容、教学方法和教学策略，以及教学评价等教学环节进行具体计划，创设教与学的系统'过程'或'程序'，而创设教与学系统的根本目的是促进学习者的学习。"

学者何成刚等人表示："教学设计是以传播理论、学习理论和教学理论为基础，运用系统论的观点和方法，分析学习需要、学习者特征、学习任务、教学材料、教学活动和教学评价等诸多因素，以达到优化教学效果、促进学生发展的目的。"

赵克礼指出："教学设计，也称教学系统设计，是以传播论、学习理论和教学理论为基础，运用系统论的观点和方法，分析教学中的问题和需求，从而找出最佳解决方案的一种理论和方法。它是一种将教和学的原理转化成教学材料和教学活动的方案的系统化过程，是一种教学问题求解，侧重于问题求解中方案的寻找和决策的过程。"

从国内外学者的观点和我国学者对教学设计的归纳，可以看出教学设计具有多方面的特征。加涅、布里格斯、肯普、史密斯、乌美娜、何克抗等学者更侧重强调教学设计的系统性特征；帕顿、瑞奇等学者更侧重教学设计的科学性，注重教学系统设计的本质；梅瑞尔、何成刚等学者更关注的是教学设计是否可以达到促进学生发展的目的。总结归纳，可以得出教学设计具有四方面的特征：①教学设计是一个系统工程。教学活动包含因素众多，且繁多琐碎，各因素之间难免会产生影响，而教学设计的作用，就是将各因素融合在一起，达成教育目的。②教学设计是在学习理论、教育理论、系统科学理论和传播理论指导下的设计。教学设计是把教学原理转化成教学材料和教学活动的计划，是对即将发生的教学活动的一种规划和假设。通过教学设计查看教学活动是否科学、准确，是否需要理论对其进行整改指导，并运用理论，科学地解释设计的依据。③教学设计的目的是实现教学的最优化，提高学生的学习效益，促进学生的全面发展。教学设计的根本目的还是为了帮助学生，有计划的、科学的、有效的教学能够促进学生学习，因此，好的教学设计是能够在学生学习的过程中提供帮助的。④教学设计的本质是问题的解决过程。教学设计是用来解决"教什么""怎么教"的问题，"教什么"就是分析学习需要和学习内容；"怎么教"分析教学策略、教学媒体方式。

二、教学设计的理论依据

教学设计的理论基础包含了学习理论、教学理论、系统科学理论、传播理论这四大理论。这四项理论"各司其职"，为教学设计提供理论依据。

（一）学习理论

学习理论是教学设计的核心和基础。"学习理论是解释人类学习活动的本质和规律，解释和说明学习过程的心理机制，指导人们学习。特别是指导学生的学习和教师的课堂教学的心理学原理或学说。"而教学设计的提出，根本目标是为了学习。因此，教学设计有必要在了解学习及行为的基础上进行研究施行。

1. 行为主义

行为主义的学习理论出自 20 世纪初期美国的行为主义心理学流派。行为主义方向的研究学者表示，学习是刺激与反应的联结，学习的过程就是在建立联结的过程。这种因刺激与反应之间产生的联结，就是学习。行为主义的代表学说有桑代克的"试误说"、华生的"刺激反应说"、斯金纳的"操作条件说"。

由于行为主义的理论研究多数是通过实验室的动物得来的，因此行为主义的理论不可直接用于人类的生活和学习活动。并且，行为主义过于重视外显行为的研究，将学习过程描述得十分简单，这就忽略了人类的主观能动性和复杂性。

但是事实上，实际的学习不一定要从外部来强化，内部也可以强化，例如强化教师的水平或者学生加强自我鼓励。尽管行为主义理论并不是十分完美，但它在历史教学设计的研究上始终具有积极的指引作用。

2. 认知主义

到了 20 世纪 50 年代中期后，认知主义诞生了。认知主义的诞生取代了行为主义的地位。在内容上，两者有相同的地方，即"认知主义继承了行为主义强调环境条件在促进学习中的作用"。认知主义认为，认知结构组织或重新组织的基本方式是新旧知识的相互作用。认知主义的代表学说有加涅的学习层次与条件说、布鲁纳的认知发现说、奥苏伯尔的"先行组织者"理论。

认知主义专注于认识结构和过程，对个体的心理活动加以研究，重视学生内部心理操作方式的指导，进而产生"认知策略""信心加工模型""认知结构"等相关概念。虽然认知主义是在行为主义的基础上诞生的，在解释人类学习的实质问题上也更透彻了，但是它也有缺陷，与行为主义相比，认知理论缺少典型的范例。

若教学设计以认知主义为理论基础，那在正式的教学活动中应注意以下三点。

其一，要由重视外部学习环节及行为的控制研究转向重视学生内部认知的变化。在学习内容的设计上，要多加考虑如何规划、组织教学内容，使其成为一个体系而不是零散的教学资料，同时呈现方式要与学生内部心理加工方式相适应，即符合学生的认知状况与规律。

其二，学习是一个积累知识的过程，也是新知识代替旧知识的过程，是通过学生的学习构建进行的。因此开始一个新知识时要找到和其有关联的旧知识，在旧知识上找到一个切入点，使新知识能够顺利融入旧知识，让学生更容易接受，这就是我们常说的贴近学生的经验和经历。

其三，教学设计中要重视学生的特征分析。学生学习的过程是其接受新知识的过程，是认知的再组织，所以教师需要先对学生有一定的了解，才能进一步提高学生的兴趣，引起学生的主动性。因此无论导入、提问、探究、教学方法和教学媒体的选择等所有的教学活动和教学内容都要能引导学生思考，进行思维活动。

但值得一说的是，认知主义中的两位代表人物，布鲁纳和奥苏伯尔在"学生学习过程中的作用和地位"这一问题上持不同的观点。布鲁纳认为"知识的获得是一个积极主动的、探索发现的过程"。在这个过程中，学生依靠原有的知识结构，通过独立的思索，使用类别化和概念化的方法吸收新的知识，并将新知识吸纳于旧知识体系结构之中。与布鲁纳重视发现学习不一样的是，奥苏伯尔更强调接受学习才是学生学习的基本方式，即学生联系原有的知识，直接接受老师精心组织起来的结论性知识。

3. 建构主义

20世纪90年代，建构主义诞生了。但建构主义并不被学者们认同，大多数学者认为，建构主义更偏向哲学方向，而不是学习理论，但将建构主义归入其中是因为建构主义在教学设计的资料和文献中被多次提及。有专家指出，实际"建构主义那一套东西在培养律师、医生、建筑师和企业家等领域颇为流行，但在教育领域却难觅踪影"。也有教育学家表示"建构主义并不是一个特定的学习理论，很多研究者都把自己的理论称为建构主义理论，但其实在具体观点上却有很大的差异"。

但认为建构主义应该属于教学设计的学者仍占很大一部分。建构主义认为，学生学习的过程是在自己已有的知识结构上，运用自己擅长的方式将新的知识主动建构的过程。建构主义更重视学生的主动性、情境性、社会互动性和建构性。

建构主义和认知主义有着相同之处，即重视新旧知识的相互作用。但建构主义更强调"以自己的方式"建构意义，所建构的意义是个人的理解。建构主义的代表人物有皮亚杰、科恩伯格、斯滕伯格、维果斯基。

以上三种学习理论各有优势，"我们并不做倡导一种理论而否定另一种理论的事，而是强调每一种理论的不同用处。我们不应该只钟情于某一种理论，而要依据学习者现有的能力水准、学习任务的类型、在这一情境中达成最优学习结果的各种适当方法，来做出理智的选择。"历史教学设计在运用学习理论时，要做到取其精华，使之完全"内化"，做到理论与课程标准及历史内容相一致，这样才能使历史学科的教学设计日益进步，最终实现服务于学生的终极目标。

（二）教学理论

教学理论是对教学规律的客观总结和反映。教学设计的理论基础是在教的过程中对各环节进行大量的理论研究和实证研究。教学理论的代表是赫尔巴特的"五步教学法"和杜威的"五步教学"。

需要强调的是，教学理论不是独立的理论体系，而是与学习理论相辅相成的，教学理论的核心是在学习理论的核心基础上产生的，所以说"教学理论是学习理论的一种推衍""学习理论可以作为派生教学理论的基本来源"。教学理论和学习理论之间的不同在于，"学习理论是描述性的，而教学理论是处方性和规范性的"。

（三）系统科学理论

系统科学理论为教学设计提供了重要的理论指导。系统方法是由巴班斯基将其作为一般科学方法论引入教学理论研究领域，并由此形成了教学过程最优化理论。此后，教学设计正式根据该理论，把教学研究的重要内容，如教师、学生、目的、任务、内容、形式、媒介、反馈、环境方法等子系统都置于整个教育系统形成之中并加以考察研究和应用，以期望达到最优的教学效果。

系统科学理论诞生于 20 世纪 50 到 60 年代，包括最基本的系统论、信息论和控制论。20 世纪 70 年代后，在此基础上出现了新的理论，即耗散结构论、协同论和超循环理论。由于篇幅过长，暂且不做主要研究对象，因此不过多展开介绍。

（四）传播理论

教学过程的环节中存在着信息传播的现象，这其实遵从了传播学的理论，也是一种特殊的传播过程。因此，教学里设计理论体系的一个重要方面是以传播理论为基础发展起来的。

教学设计环节要考虑的方面有很多，根据传播理论，教师要考虑如何控制教学过程，如何针对教学的特点和内容进行教学，通过使用什么媒体才能最大限度地帮助学生接受知识，等等。同时，在信息传播过程中，学生作为接受传播的人，他们的技能、态度、知识水平、社会文化背景直接影响着使用媒体的教学传播效果。这就要求教师在进行教学设计时，要充分考虑学生的知识水平、智慧技能、态度等因素，并且教学内容的处理要遵循科学性的原则，还要符合学生的心理特征，最终要用什么传播渠道来传递信息才能达到最佳效果等，这些都是教学中影响传播效果的因素。

第二节 历史教学设计的现状及建议

一、新课程背景下历史教学设计的现状

（一）教师的教学观念没有随着新课程改革的教学要求做出改变

教师教给学生知识，是联结知识和学生之间的纽带。教师在学生接受知识的过程中起着相当重要的作用。随着课程改革工作的不断开展，新课程标准对教师的要求也发生了变化，对教师的职业素质、教学设计等环节的要求也有着明显的提高，但是受各种因素影响，教师并没有对新课程标准提出的要求做出明显的响应，教学模式还是遵从着传统的模式，这就影响了教学质量。

在传统的教学设计环节中，课堂中占主导地位的是教师，充当教学主体的也是教师，并没有体现学生的地位。学生在课堂上缺少交流和讨论，只是机械地听讲，教师也对这些问题不重视。随着课程改革的进行，这些问题都被相继提出，课程改革对教师提出了针对性的要求，但是教师的传统观念并没有有所改变，教学设计也依旧没有改进。传统教学设计由于过于枯燥和单一，很难引起学生的学习兴趣。教师应该重视教学课堂质量，重视学生的主体地位，不要只将重心放在如何应对考试，虽然考试成绩的重要性不言而

喻，但是教师也不应该向学生传输"学生学习只是为了考试"这一观念，教师应该鼓励学生学习，激励学生学习兴趣，培养学生正确的学习心态。

（二）学生们很少自主学习历史

历史学科在学业中具有不小的分量，从古代史到近代史的学习，能充分让学生们了解到历史的走向。作为新时代的接班人，历史是学生必须掌握的一门学科。但是在大多数学生眼里，历史并不是一门重要的学科，很多学生会将重心放在语文、数学、英语这三门学科上。其实历史是一门生活化的学科，在生活和工作中都能发挥不小的作用，只是还没有引起学生足够的重视，这需要教育者加以指引，督促学生加大对历史学科的重视。

（三）教师的教学方式不能够建立个性化的教学气氛

当前，随着科技的不断发展，在教学实践中，多媒体设备和更现代化的教学手段被广泛地运用于课堂。事实上，新媒体技术的发展在某种程度上推动了课堂教学的变革。

现代课堂教学中，新媒体技术的使用已经是十分常见的现象，教师运用科技手段提高教学效果，但很多时候，教师并没有成功地建立起良性的个性化教学氛围。教学氛围的重要性在课堂教学中的作用不言而喻，它是引导学生注意力和学习兴趣的重要条件，因此教师要注重新媒体技术的使用，以便建立成功的课堂教学环境。

二、新课程背景下历史教学设计建议

（一）根据学生的学习需要，建立具有特色化的教学课程

在新课程改革的实施过程中，作为应用型的学科，历史一直处于重要的地位。在教学设计环节中，教师要注意考虑学生的全面发展，教学设计的最终目的是要培养出德智体美劳全面发展的人才。此外，验证知识是否掌握的表现是学生能否学以致用，在生活中将知识发挥出作用，这是课堂教学的要求之一。学生需要什么知识，教师要在教学设计时仔细斟酌，最终筛选出学生需要的知识，做到让每一个学生透彻理解知识，学以致用。为了完成这样的目标，在教学实践时，教师需注意课堂环境要灵活有趣，不能死板生硬，教师要营造出个性化、高效性的课堂，个性化的人才培养不但能够体现特色的教学体制，也能把新课程改革背景下的教学方式改革的优越性体现出来。结合学生的实际学习情况，通过建立特色化的教学课程，充分地考虑每一个

学生的个体性差异和特征，教师从把握这些差异性开始，有针对性地开展教学，从而建立一个因材施教的教学体系，充分地满足不同层次及类别学生的实际需要，这样既改善了历史课堂的教学体系，也实现了教学内容的丰富和改革。

（二）开展教学设计要与学生的生活实践相结合

学习讲究理论和实践不分家，理论的知识有些过于抽象，只有在实践中才能更好地把握理论知识的重要性，才能更深地理解理论知识的内涵。在历史教学中，结合学生的生活实践来开展历史的教学设计，就可以更好地从一个实践的视角突破进去，学生们会觉得离自己的生活很接近，没有空洞感。在这个过程中能够很好地联系书本和现实的关系，把理论和实践更好地衔接起来。学生们能从历史的经验教训中得到有益的启示，为现实服务，有利于培养学生们的使命感和荣誉感。

（三）围绕课堂主题来开展教学设计

就如一篇教育性的文章指出的那样，一节课需要中心思想，即教学的主题。教学的主题能够起到提纲挈领的作用，学生们会及时地认识到这堂课的重要部分在哪里，可以更迅速地学习重点。同时课堂主题可以提高课堂教学的思想内涵、思想高度和增强历史教学育人的功能。教师在一节课的教学开始前，一定要把这堂课的重要内容精简出来，形成这堂课的主题，然后围绕着这个主题来给学生们讲解。主题可以是几个重点的词汇，也可以是一个历史事件或者是某一个事件的影响等。教师们不要局限于主题的设定，要集思广益，多考虑能够引起学生们学习兴趣的主题内容。可以说主题是课堂教学的核心与灵魂，是教师为了实现其教学价值的内核而设定的，具有无可替代的作用。历史教学新课程所具有的性质和教学要求，构建以主题为中心的历史课堂教学是可行的，对于学生们学习历史知识是有特殊意义的。

三、历史教学设计应注意的几个方面

历史学科的教学设计是相对于历史教学的目标设计、价值观和情感的指导、教学重点和难点的探讨、教学器材的准备、教学方法和过程的选择等而言的。虽然以传递基本的历史知识为基础的历史课程设计不反对使用现代化的教学手段，同时也不排斥学生利用各种形式的活动来展现自身对历史知识的了解。但是教师在设计课程时，必须依附历史学科教学过程中的基本特征，只有这样才能使历史的教学设计恰到好处，获得事半功倍的教学效果。

历史的教学设计必须注意以下几点：

（一）教师应重视对不同归纳方法的设计

在教学过程中，最重要的是教给学生学习的方法。只有真正掌握了学习的方法，才能使学生养成终身学习的习惯。因此，在进行历史教学设计时，教师应尽量采用科学的方式对历史知识进行归纳，而不是硬搬硬套。只有这样，学生才能更加牢固地掌握历史知识，并在此基础上对历史知识进行归纳，进一步提升学生的学习效率。

（二）教师应重视对互助学习、自主学习的设计

历史课程的创新应该注重转变学生的学习方法，使学生主动参与到历史教学过程中，并且敢于提出疑问、分析问题、解决问题，从而使学生从被动地接受变为主动地学习。因此，在进行历史教学设计时，教师应多安排学生进行探究学习、互助学习、合作学习。同时，由于现阶段历史课本中要求学生掌握的知识不多，也更有利于教师进行这样的教学设计。

在历史学科的教学设计中，我们一定要严格遵守新课程改革的标准，坚持以学生掌握和理解的历史基础知识为基本要求，教给学生必要的归纳方法，坚持合作互助学习和自主学习，只有这样，才能在历史教学中培养学生正确的历史观和情感态度，使学生和历史真正地融为一体。

（三）教师应重视对基本历史知识的巩固复习策略的设计

掌握并理解历史基础知识信息是历史教学的一个重要目标。在进行历史教学设计时，教师可以设计一些顺口溜来帮助学生达到记忆历史知识的目的，同时教师还要善于使用图标、数字、视频等一些比较容易被学生掌握和理解的形式，帮助学生进行知识的复习、巩固。关于这一点，相信广大历史教师在以往的历史教学过程中已经积累了一定的教学经验，在实际运用时必定会更加得心应手。

第三节 历史教学设计的基本原则

教育界对于历史教学设计原则的讨论很热烈，学者们提出的观点可以说是五花八门，有目的性原则、学生为主的原则、系统性原则、意义建构原则、

过程开放原则，等等。各专家学者和教师都从自己的角度，概括出教学设计实践过程中广大教师应遵循的原则。综合各学者的研究成果，历史教学设计的原则主要包括以下几条：系统性原则、以学生为主的原则和生动性原则。

一、系统性原则

系统性原则指的是在教学目标的指导下，教学设计的各个环节共同构成一个有机整体，它们之间既相互独立又相互依存。如果教师可以严格遵守教学设计的系统性原则，就可以保证进行有效的、科学的、艺术的、连贯的逻辑教学，保证教学环节层层递进，保证学生的思维、能力得到全面发展。否则，将可能出现教学设计没有中心、教学环节设置不和谐、重难点不突出、学生学不会学不好等现象。为保证教学效果和学习效果，我们要严格遵循系统性原则，要注意以下几个问题：

第一，教学目标是统领教学过程的灵魂、验证教学效果的准绳。教学目标是根据教学内容和学情确定的，教学环节的设置、教学方法的选择要紧紧围绕教学目标，为实现教学目标服务。

第二，三维目标之间是相互独立的，更是相互联系的。

第三，各教学环节间必须相互衔接。在设置教学环节的过程中，要注意相邻环节间的起承转合以及各环节对于教学目标的指向性。

在教学设计实践中教师应该避免三维目标间脱节、教学目标描述不准确、教学环节重形式无实质、教学过程与教学目标脱节等问题，只有这样才能确保系统性原则的落实。

二、以学生为主的原则

以学生为主的原则是指"教学时应仔细考虑到学生带到教学情境中的已有知识、技能、态度和信念"。学生是学习的主体，是课堂的中心。建构主义强调："教学活动的本质是学生根据自己的已有经验去理解对象信息和知识内涵的个性化过程。""教师既要以'指导者'的身份审视、分析学生，又要以'学习者'的心态，设身处地地了解学生。"所以，教学设计要努力创造出一个具有激发性、情境性、协作性的教学环境和课堂氛围，促进学生主体作用的发挥和个性的展示。具体来说，教师在教学设计过程中，要注意以下几个问题：

第一，要重视学生的主体性、兴趣和经验，促进学生创造性的发挥；

第二，要给予学生适当的指导；

第三，要注意留余，给学生发挥主动性的空间和时间。

第二章 历史教学目标的设计

第一节 历史教学目标的概述

一、教学目标的概述

教学目标是教育思想、教育观念和教学任务的具体反映，既是实施课堂教学的主要依据，也是评价教学活动的基本标尺。它是指教师预期学生能达到的学习效果，解决的是"教什么"的问题，在整个教学设计过程中占有至关重要的地位。对于教学过程来说，它是灵魂，从教学结果来看，它是准绳。之所以要进行教学设计，是为了提高教学的有效性。教学有效性的重要前提就是目标要明确、具体，具有可操作性。美国著名的教育学家布鲁姆认为，教学目标是用特定的方式描述在教学之后，学生能够做什么或者学生具备哪些特征。我国有学者认为，教学目标是指教师预期学生能够达到的学习结果，它可分为课程教学目标、单元教学目标、课时教学目标等不同层次。

教学目标是通过教学活动预期达到的结果或标准，是对学习者通过学习后将来能做什么的一种明确的、具体的表述，主要描述学习者通过学习后预期产生的行为变化。可见，教学目标描述的是学生学习后的变化，变化以可观察的行为指标为标准，它表现为对学习终结行为的描述，或对学生在教学结束时对其知识等方面变化的说明。对此可以从三个方面进行理解：

第一，教学目标是教与学合作实现的目标。它表现为教师通过教学活动引起学生行为的变化；

第二，教学目标是教师对教学活动预期的结果。它表明教学是有目的的支配活动；

第三，教学目标是可测量的。教师通过学生的行为表现检验，也可以编制相应的试题，检测目标的达成。

教学目标是教学设计的中心，是课堂教学的出发点和归宿，设置教学目标是教学设计的首要环节，合理的教学目标是保证教学活动顺利进行的必要条件，所有教学行为包括教学形式、方法、策略等都要紧紧围绕教学目标来进行。

在历史教学中恰当地制定教学目标，是有效教学的重要前提。教学目标设计时应包括两个方面：一是教学内容，也就是说要求学生能够对基础知识、基本技能掌握牢固，能够受到完整的基本教育；二是达标的程度，即这些内容应达到的深度和广度。

教学目标设计是否合理，取决于教师对历史课程标准的理解，对教学内容的把握，对教科书的处理以及对学生情况的了解、学生学习活动的预设形式和学习效果的目标预期。因此，制定教学目标时，必须充分研究课程标准和教材，把握学生的实际情况，从而做到教学目标设计具体、明确、集中、恰当。

课堂上，师生有了明确的共同目标，教师才能灵活驾驭课堂，学生才能够有学习方向，主动求知，使教与学的积极性都得到充分发挥。"对历史教师而言，只有先制定准确、具体、完整的教学目标，才可能确保教学的有效性。课程标准是新一轮课程改革的核心内容，而课程目标承载的新的理念和学习方式等要真真切切地进入课堂，实现历史课程的有效教学，教师必须思考三个问题：①你把学生带到哪里（教学目标）？②你怎样把学生带到那里（教学过程和方法）？③如何确信你已经把学生带到那里（学习结果评估）？而明确把握教学目标，是实现有效教学的前提和关键。"

二、历史课程目标与教学目标

（一）课程目标的概念

"课程目标是指学校课程所要达成学生身心发展的预期结果，是在课程设计与开发过程中，课程本身要实现的具体要求，它期望一定阶段的学生在发展品德、智力、体质、素质等方面所达到的程度。"换句话说，课程目标不是凭空和毫无依据地提出，而是遵循教育规律和教育目的进而提出相应的、具体的目标，体现出的是对教育者的预期希望和课程选择的价值。

确定课程目标需在三个方面多加注意，即学习者的需要、当代社会生活的需要、学科发展的需要。

1. 学习者的需要

课程设置的最终目的是学生的身体素质、道德教育、成绩等能够全面发展。学习者的需要是课程目标确定的一个基本依据。这就需要认识到学生在学习上需要什么、想要学到什么、对哪方面的知识更感兴趣、自身的个性特点等多个方面，这样才能保证课程的设置是科学、客观、有效的。

2. 当地社会生活的需要

学校不仅仅是要教授学生知识，还要教授学生做人的道理和可以在社会立足的本事，课程目标的确定要考虑社会生活的需求，反映社会生活的需要，将社会生活的需求作为制定课程目标的重要依据之一。在制定课程目标时要做好分层和重要性比较，做到重点突出、层次分明。

3. 学科发展的需要

课程目标中最重要的因素是知识，这是不可缺少的一项，每一项学科都具备独立的逻辑体系，包含基本概念和基本原理、探究方式、学科发展趋势、与相关学科的关系等内容。这要研究学科知识本身的特点、价值及组织方式。

（二）历史课程目标的主要内容

1. 初中历史课程目标

21世纪初教育部颁布的《全日制义务教育历史课程标准（实验稿）》规定了初中阶段历史课程的目标。

（1）知识与能力

掌握基本的历史知识，包括重要的历史人物、历史事件和历史现象，以及重要的历史概念和历史发展的基本线索。

在掌握基本历史知识的过程中，逐步形成正确的历史时空概念，掌握正确计算历史年代、识别和使用历史图表等基本技能，初步具备阅读、理解和通过多种途径获取并处理历史信息的能力，形成用口头和书面语言，以及图标等形式陈述历史问题的表达能力。

形成丰富的历史想象力和知识迁移能力，逐步了解一定的归纳、分析和判断的逻辑方法，初步形成在独立思考的基础上得出结论的能力；初步了解人类社会是从低级向高级不断发展的、历史发展是有规律的等科学的历史观，学习客观地认识和评价历史人物、历史事件和历史现象。

（2）过程与方法

历史学习是一个从感知历史到积累历史知识、从积累历史知识到理解历史的过程。通过课堂学习和课后活动，逐步感知人类在文明演进中的艰辛历程和巨大成就，逐步积累客观、真实的历史知识；通过收集资料、构建论据和独立思考，能够对历史现象进行初步的归纳、比较和概括，产生对人类历史的认同感，加深对人类历史发展进程的理解，并做出自己的解释。

注重探究式学习，勇于从不同角度提出问题，学习解决历史问题的一些基本方法；乐于同他人合作，共同探讨问题，交流学习心得；积极参加各种社会实践活动，学习运用历史的眼光来分析历史与现实问题，培养对历史的理解力。

（3）情感态度与价值观

逐渐了解中国国情，理解并热爱中华民族的优秀文化传统，形成对祖国历史与文化的认同感，初步树立对国家、民族的历史责任感和历史使命感，培养爱国主义情感，逐步确立为祖国的社会主义现代化建设、人类和平与进步事业做贡献的人生理想。

形成健全的人格和健康的审美情趣，确立积极进取的人生态度、坚强的意志和团结合作的精神，增强承受挫折、适应生存环境的能力，为树立正确的世界观、人生观和价值观打下良好的基础。

在了解科学技术给人类历史发展带来巨大物质进步的基础上，逐步形成崇尚科学精神的意识，确立求真、求实和创新的科学态度。

了解历史上专制与民主、人治与法治的演变过程，理解从专制到民主、从人治到法治是人类历史发展的必然趋势，不断强化民主与法治意识。

了解人类社会历史发展的多样性，理解和尊重世界各国、各地区、各民族的文化传统，学习汲取人类创造的优秀文明成果，逐步形成面向世界、面向未来的国际意识。

之后，国家在新课程实验上不断更新进步，教育部颁布了新的课程标准——《义务教育历史课程标准》。《义务教育历史课程标准》规定的初中历史课程的目标是：通过义务教育历史课程的教学，学生能够了解中外历史的基本知识，初步掌握学历史的基本方法和基本技能；对人类历史的延续和发展产生认知兴趣，感悟中华文明的历史价值和现实意义，养成爱国主义情感，开拓观察世界的视野，认识世界历史发展的总体趋势；初步形成正确的世界观、人生观和价值观，为成为拥有良好综合素质的合格公民奠定基础。

知识与能力：①知道重要的历史事件、历史人物及历史现象，知道人类文明的主要成果，初步掌握历史发展的基本线索。②了解历史的时序，初步学会在具体的时空条件下对历史事物进行考察，从历史发展的进程中认识历史人物、历史事件的地位和作用。③理解多种历史呈现方式，包括文献资料、图片、图表、实物、遗址、遗迹、影像、口述以及历史文学作品等，提高历史的阅读能力和观察能力，形成符合当时历史条件的历史情景想象。④初步学会从多种渠道获取历史信息，了解以历史材料为依据来解释历史的重要性；初步形成重证据的历史意识和处理历史信息的能力，逐步提高对历史的理解能力，初步学会分析和解决历史问题。⑤学会用口头、书面等方式陈述历史，提高表达与交流的能力。

过程与方法：①通过多种途径感知历史，学会从当时的历史条件理解历史上的人和事，并经过分析、综合、概括、比较等思维过程，形成历史概念，进而认识历史发挥的时代特征和历史发展的基本趋势。②在学习历史的过程中，逐步学会运用时序与地域、原因与结果、动机与后果、延续与变迁、联系与综合等概念，对历史事实进行理解和判断。③在了解历史事实的基础上，逐步学会发现问题、提出问题，初步理解历史问题的价值和意义，并尝试体验探究历史问题的过程，通过搜集资料、掌握证据和独立思考，初步学会对历史事物进行分析和评价，并在探究历史的过程中尝试反思历史，吸取历史的经验教训。④逐步掌握学习历史的一些基本方法，包括计算历史年代的方法、阅读教科书及有关历史读物的方法、识别和运用历史地图和图表的方法、查找和收集历史信息的途径和方法、运用材料具体分析历史问题的方法等。⑤初步掌握解释历史问题的方法，力求在表达自己的见解时能够言而有据，推论得当；学会与教师、同学共同对历史问题进行探究与讨论，能够积极汲取他人的正确见解，善于与他人合作，交流学习心得和经验。

情感态度与价值观：①从历史的角度认识中国的具体国情，认同中华民族的优秀文化传统，尊重和热爱祖国的历史和文化；认识在漫长的历史进程中，我国各族人民密切交往、相互依存、休戚与共，形成了中华民族多元一体的格局，共同推动了国家发展和社会进步，增强民族自信心和自豪感。②感悟近现代中国人民为救亡图存和实现中华民族伟大复兴而进行的英勇奋斗和艰苦探索，认识中国共产党在中国革命、建设和改革事业中的决定作用，树立中国特色社会主义理想信念；继承和弘扬以爱国主义为核心的民族精神，认识到国家统一、民族团结和社会稳定是中国强盛的重要保证，初步形成对国家、民族的认同感，增强历史责任感。③了解人类社会历史发展的基本趋势及人类文化的多样性，理解和尊重世界各国、各民族的文化传统，学习汲取人类创造的优秀文明成果；认识和平与发展是当今时代的主题，逐步形成面向世界的视野和意识。④认识科学技术的发展对人类历史进步的推动作用，逐步形成尊重科学、崇尚科学的意识，树立求真、求实和创新的科学态度；从历史的演变中认识合理开发和利用资源、生态环境保护的重要性，初步形成可持续发展的观念。⑤认识人民群众创造历史的作用以及杰出人物在历史上的重要贡献，吸取前人的经验和智慧，初步理解个体与群体、个人与社会的关系，提高对是与非、善与恶、美与丑的识别判断能力，逐步确立积极进取的人生态度，形成健全的人格和健康的个性品质。

2. 高中历史课程目标

教育部颁布的《普通高中历史课程标准（实验）》规定了高中阶段历史课程的目标：通过普通高中历史课程学习，扩大掌握历史知识的范围，深入地了解历史发展的基本线索；对历史唯物主义的基本理论和方法有所了解，初步认识人类社会发展的基本规律，学会运用科学的理论和方法认识历史和现实问题，逐步形成科学的世界观和历史观；树立不断完善自我、为祖国社会主义现代化建设做贡献和关注民族与人类命运的人生理想。

（1）知识与能力

在义务教育的基础上，进一步认识历史发展进程中的重大历史问题，包括重要的历史人物、历史事件、历史现象和历史发展的基本脉络。

在掌握基本历史知识的过程中，进一步提高阅读和通过多种途径获取历史信息的能力；通过对历史事实的分析、综合、比较、归纳、概括等认知活动，培养历史思维和解决问题的能力。

（2）过程与方法

进一步认识历史学习的一般过程。学习历史也是一个从感知历史到不断积累历史知识，进而不断加深对历史和现实的理解过程；同时也是主动参与、学会学习的过程。

掌握历史学习的基本方法。学习历史唯物主义的基本观点和方法，努力做到论从史出、史论结合；注重探究学习，善于从不同的角度发现问题，积极探索解决问题的方法；养成独立思考的学习习惯，能对所学内容进行较为全面的比较、概括和阐释；学会同他人，尤其是具有不同见解的人合作学习和交流。

（3）情感态度与价值观

通过历史学习，进一步了解中国国情，热爱和继承中华民族的优秀文化传统，弘扬和培育民族精神，激发对祖国历史与文化的自豪感，逐步形成对国家、民族的历史使命感和社会责任感，培养爱国主义情感，树立为祖国现代化建设、人类和平与进步事业做贡献的人生理想。

加深对历史上以人为本、善待生命、关注人类命运的人文主义精神的理解。培养健康的审美情趣，努力追求真善美的人生境界。确立积极进取的人生态度，塑造健全的人格，培养坚强的意志和团结合作的精神，增强经受挫折、适应生存环境的能力。进一步树立崇尚科学精神，坚定求真、求实和创新的科学态度。

认识人类社会发展的统一性和多样性，理解和尊重世界各地区、各国、各民族的文化传统，汲取人类创造的优秀文明成果，进一步形成开放的世界意识。

高中历史课程标准将课程目标划分为三个维度，分别是"知识与能力""过程与方法""情感态度与价值观"。对于知识目标，高中历史要求"进一步认识历史发展进程中的重大历史问题"。关于能力目标，高中历史对学生的要求主要有五点：①获取、处理历史信息的能力；②陈述历史问题的能力；③丰富的历史想象能力；④历史知识的迁移能力；⑤独立思考问题得出结论的能力。和初中历史课程标准相比，《义务教育历史课程标准》增加的是学生的时序意识和能力，而高中则简化为两项：①获取历史信息的能力；②培养历史思维和解决问题的能力。高中历史明确提出的"历史思维能力"目标，和初中历史课程标准要求相比，是在此基础上做了提升和拔高。

总体来说，和初中历史课程标准要求相比，高中明显在人文主义教育的方面更加重视，历史课程目标的层次性也更加突出。

（三）教学目标与课程目标的关系

在现实教学生活中，很多人经常会将课程目标与教学目标混为一谈，这其实是错误的，将课程目标和教学等同而谈，不但对二者的研究造成阻碍，对最终的教学质量也会产生影响。

教学目标和课程目标其实是两个有紧密关系的不同概念，它们之间既有相同的点，也有不同的地方。二者都是教育目的和培养目标的具体化，都是以教育目的为总目标，以培养目标为具体指导，在不同层次内提出的适应社会和学科发展以及学习需要的教学要求，为课程与教学的展开提供了方向、标准与评价依据。课程目标通过教学目标来实现，教学目标的制定要以课程目标为依据。

1. 教学目标与课程目标具有差异性

从层次的角度来看，课程目标属于比较抽象的层次，它与国家的课程观念及其改革相关。课程目标制约课程内容的选择和组织，影响课程的最终效果，在实施和评价过程中具有影响，它是指导整个课程编制过程中最为关键的准则，具有较强的概括性和规定性、整体性和基础性，是国家教育目的和各级各类学校培养目标在课程上的具体体现。

而教学目标与教学的具体环节有着紧密联系，是"课程目标的进一步具体化，是指导、实施、评价教学的基本依据"。由此得知，教学目标的负责对象是为教师的教和学生的学提供基本依据。教学目标的确定需要考虑多种因素，除了要考虑学科特点和社会需求以外，教学班级和学生的发展水平也是需要考虑的重要因素。对比来看，教学目标和课程目标相比，课程目标没有教学目标显得灵活，在实践和操作上也略逊一筹，而教学目标是整个教育目标体系的终点和关键。

从实践的主体角度来看，课程目标的实践主体范围一般围绕在国家行政部门和专家学者之间，从更加广泛的意义解释，课程目标的实践主体也包括教师；但与课程目标不同的是，教学目标的实践主体在大多数情况下都是指教师，它更多的是指与教师有关的教学环节。课程目标主要根据教育行政部门及课程工作者在调查研究过学生、社会、学科等方面后进而得出的结果。一旦课程目标确定，就具有了稳定性和方向性。教学目标的实际实施者是教师，教师"在合理的课程内容和结构确定后，要潜心研究学生特点，要确实把教学方法由适应教师的教向适应学生的学的方面转变"。

从内容的设定来分析，课程目标主要是针对学生的发展和某一学科的全局而提出的基本标准和要求。教学目标则更是只关注学生发展的某一方面或具体某一科目中的某一阶段的教学。课程目标对教材的编写提供依据，对具体的教学和评价做出规定，但并不详细说明教材、教学和评价的细目和具体环节；而教学目标则主要为教师的教学提供指南。新课程改革标准提出了历史课程的总目标：通过义务教育阶段历史课程的教学，学生能够掌握中外历史的基本知识，初步掌握学习历史的基本方法和基本技能；对人类历史的延续与发展产生认知兴趣，感悟中华文明的历史价值和现实意义，养成爱国主义情感，开拓观察世界的视野，认知世界历史发展的总体趋势；初步形成正确的世界观、人生观和价值观，为成为拥有良好综合素质的合格公民奠定基础。

同时在总目标的基础上，还提出了阶段目标，比如说要求通过学习，知道中国古代的一些重要历史人物、历史事件和历史现象，了解中国古代历史发展的基本线索；能够识读历史图标，正确地计算历史年代，较为清晰地叙述相关的史事，初步掌握学习历史的基本方法，能够阅读普及性的历史读物；不断增强学习祖国历史的兴趣，激发民族自豪感，树立民族自信心和自尊心，加深对祖国历史文化的认同感。

综上所述，历史课程目标主要是从总体上来分析应当实现的标准和规定，体现了目标的整体性和学科特色。如"知道中国古代的一些重要历史人物、历史事件和历史现象，了解中国古代历史发展的基本线索"，课程标准无法具体地说明是哪些重要的历史人物、历史事件和历史现象，更无法具体说明哪节课掌握哪个重要的历史人物，这就是教学目标需要去解决的问题。

最后从表现形式的角度，课程目标主要为国家课程改革及其相应的课程标准。《基础教育课程改革纲要》明确指出课程标准是"国家课程的基本纲领性文件，是国家对基础教育课程的基本规范和质量要求"，也是"教材编写、教学、评估和考试命题的依据，是国家管理和评价课程的基础"。教学目标则往往表现为教师针对具体的学科或学科中的某一内容而确定的最终的结果。教学目标可以分为年级教学目标、单元教学目标和课时教学目标。

教学目标服务的对象是教学设计和教学过程，是教学设计环节中的重要组成部分。教学目标会根据实际教学情况中的班级和学生的具体情况进行及时的变动以适应实际情况，其中主要的方面包括学生的知识与技能、过程与方法、情感态度与价值观等，教学目标会根据实际情况提出相应的、具体的要求。

2. 教学目标与课程目标具有关联性

教学目标与课程目标之间也有着相应的联系。

教学目标的制定需要课程目标的指导。在教学的整个课程编制与设计这一环节，课程目标十分重要，在这个环节中，课程目标起着举足轻重的作用。课程开发最终要呈现的是实现课程目标，在一定程度上，课程目标影响着课程开发的走向，为课程开发规定了大致的发展方向，为课程开发指引导航。课程目标是课程内容、课程实施过程、课程评价的确定依据。课程目标一旦确定，将制约着课程内容的选择。课程目标通过具体的文本将学生学习行为与内容以及在学习活动中的表现方式勾勒出来，为课程内容和教学方法的计划与选择提供依据与指导，为课程的具体组织实施提供计划、依据、规定及要求等。课程目标还是学生应当达成的水平及程度标准，一旦确定下来，就成了判断实际课程实施的效果的尺度标杆。评价课程实施的优劣，必须依据所设立的课程目标。课程目标在课程编制与设计过程中，具有定向、指导内容选择、实施操作与评价等功能。教学是根据课程和一定的课程目标而进行的，因此，教学目标的制定要围绕课程目标要求，为实现课程目标而服务。

在进行教学目标设计时广大教师需要注意以下几点：

第一，精选行为动词。教师在描述教学目标时要选取精确的行为动词，这些动词包括写出、列出、辨别、比较、对比、背诵……这些行为动词是教学评价的依据，是考量学生达成教学目标程度的依据。

第二，教学目标的行为主体是学生，教师要注意从学生主体的角度来描述教学目标，如"学生应该……""学生学会……""学生能够……"等。

第三，要兼顾"一个中心""三维目标"和"多项环节"。在制定教学目标时，教师需要阅读相关史学论著，充分理解教学内容，分层设置教学目标。

三、历史教学目标设计原则

历史教学目标的设计要遵循四个基本原则，具体如下：

（一）"依标据本"原则

教科书编写的依据是历史的课程标准，这也是历史教师们的教学内容和教学目标设计的依据。教科书是教学活动的主要媒介，因此教学目标设计要"依据"课程标准、依托课程标准。根据课标来衡量学生的学习成果，根据教材要求呈现教学内容，适当地给学生分享课外知识，扩充学生们的知识储备，合理设计理解、思考的过程，运用适合学生的学习方法。

（二）体现学科核心教育价值原则

历史课程标准指导着历史教学活动，教学目标的确定是重中之重，它的确定强调了教学活动的要求。在教学活动中，教师要以学生为中心，传统课堂的主要任务是帮助学生接受知识，教学活动要体现这一特点，同时教师也要发挥指引作用，引导学生思考，发挥创新精神、将知识"外化（让学生有更多的机会在不同的情境下去应用他们的所学知识）"和实现自我反思。要重视学生在实践和创造方面的能力，同时教师要注意实际环境，及时更改，以便使得教学活动与时俱进、因地制宜，保证学生的全面发展。

（三）坚持学生主体性原则

教学活动的主要对象是教师和学生，作为教师教学的对象，学生在课堂教学中占据着主体地位。教学活动要实现的目标就是为了让学生掌握知识，更好地发展。如果教学课堂上，教师忽略学生的主体作用，只是单纯地讲课，不考虑学生的掌握程度，那教学目标就无法得到实现。所以，在新课程背景下，教师在课堂上必须将角色进行"转化"，由原来的"主角"变为"主导"，当好导演的角色，指导学生"主演"。帮助学生主动学习、探究学习、合作学习，让学生们在学习过程中体会到乐趣。举例来说，在《夏、商、西周的政治制度》的教学设计中，教师通过网络媒介，创设了"封邦建国""王位之争""姓氏的由来"等历史情境，让学生通过体验历史情境感受到历史氛围，激发学生的学习兴趣。在这种情境创设下，学生的主动性被激发出来，在课程中能够踊跃发言，主动学习。由此判断，课堂的主体是学生，教师在教学活动中要考虑学生的主体地位。

（四）落实目标多样原则

历史教学的最终目标其实是一致的，但是可能因为教学的内容不同，班级和各学生之间都存在差异，每堂课的教学目标就会有相应的差别。按实际情况来分析，同一堂课的教学目标也会因为不同学生的差异性存在不同，面对这种情况，教师应该做到因材施教。举例来说，《夏、商、西周的政治制度》，其课程目标就是"了解宗法制和分封制的基本内容，认识中国早期政治制度的特点"，在设计教学目标时就依据学生的层次划分了达标目标和发展目标。达标目标强调在知识与能力方面，"知道"：夏、商王位世袭制，中央地方官制及管理制度，西周分封制和宗法制；"理解"：夏、商、周政治制度的演变，归纳王位世袭制的表现，分封制和宗法制的内容。发展目标要求：归纳中国古代早期国家政治制度概貌，比较分封制和宗法制，探寻其内在联系，概括其特征。

第二节 历史教学目标的设计与编写要求

教学目标和教学设计有着千丝万缕的关系，教学设计活动依据教学目标设计而且最终的结果是要实现教学目标，在教学设计活动中，教学目标发挥着导向作用，是教学设计环节和教学评价环节的依据。所以，制定科学、合理、符合实际的教学目标，在教学设计中是十分重要的。

一、历史教学目标设计的要求

（一）教学目标要具有整体性

通过系统论的观点，可以这样对"教学"进行分析，我们可以将"教学"看作是一个系统，从纵向的角度，可以把教学目标分为三类，分别是课程教学目标、单元教学目标和课时教学目标；而从横向的角度来分析教学目标，教学目标又可以分为另外三类，分别是知识与能力目标、过程与方法目标、情感态度与价值观目标。

在教学活动中，教学目标要始终贯穿全局，发挥指导作用，这是为了实现教育目的而提出的一种概括性的总体要求，它把握着教学的发展趋势和总方向；教学总目标的具体作用体现在学科课程教学目标上，同时教学总目标也决定着单元教学目标的方向；课时教学目标是上述目标的更具体化和细化的目标，是我们在课堂教学活动中具体要实现的目标。上述提到的所有的"目标"，都包含知识与能力、过程与方法以及情感态度与价值观目标的内容。由此得知，历史教学目标的制定，要遵循整体性原则，不能简单地只考虑课时而制定课时目标，要做到"学科课程教学目标—单元教学目标—课时教学目标"逐步系统化，做到上下衔接、互有联系，所有的目标都要考虑到的基本要求，只有这样，才能有效地操作好教学活动。

（二）教学目标要注重灵活性

教学活动中的主体对象是学生，而由于学生本身具有差异性，因此面对具有差异性的学生群体，在制定教学目标时要考虑学生的基础知识储备、学习接受能力、认知结构、学习态度、习惯、喜好风格等方面，这就要求在制定教学目标的时候，需要教师参考实际情况，灵活处理，掌握好知识的接受度、学习的难易程度等，最后制定出灵活而富有弹性的教学目标。

（三）教学目标的设计要带有层次性

教育不是一蹴而就的活动，它是一个循序渐进的活动，时间段以学年或者是学期为单位操作实施，每一学年、每一学期的教学目标都是不同的，每一学年、每一学期的教学目标的制定都要考虑教学活动的主体对象——学生的接受情况。其一，要考虑学生的层次性，因为学生个体的学习基础和学习能力存在差异，从每个学生的实际考虑，在充分分析学习者的特征的基础上，再制定出具有层次性的教学目标，使教学目标的难易程度符合不同学习水平的学生。其二，教学目标的制定要具有层次性，知识与能力、过程与方法、情感态度与价值观三维目标本身就具有层次性。"知识与能力属于第一层面的目标，是掌握方法和过程体验的基础和前提；过程与方法属于第二层面的目标，它较知识与能力更高一级；情感态度与价值观属于第三层面的目标，也是最高级的目标。第一层面的目标是前提和基础，第二层面的目标是教与学的工具，第三层面的目标是情感升华和价值定位。"因此，课堂教学活动要体现由低到高逐次递进，满足学生不同认知水平，充分反映由知识转化为能力，并逐步升华的要求。

（四）教学目标的设计要具有可操作性

课堂教学目标的实现不是学习的终点，而是学生能力发展的有效途径，教学目标确定后，教学策略的制定、教学媒体的选择、教学方法的运用等，都要为教学目标服务，教学效果的评价也要依据教学目的达成。由此得知，教学目标应该是具体的、可观察、可测量的，也是可以操作的。

首先，教学目标要做到详细具体。目的必须明确、具体、有针对性，也就是说要根据课程标准的要求，根据教材内容和学生的特点，根据所教班级学生的平均基础，参考学生的学习习惯、兴趣等，把教学目标细致化、具体化。但在实际的教学活动中，会有教师出现仅考虑"知识与技能、过程与方法、情感态度与价值观"三个方面来制定教学目标，将教学目标做得大而全，往往流于形式，没有什么实际效果。

例如：某教师在《英国君主立宪制的建立》一课设计的教学目标是：

①知识与能力：知道《权利与法案》的内容和责任制内阁形成的史实，理解君主立宪制度的特点。②过程与方法：通过讲授法、图示法、情境教学法等多种教学方法让学生理解本课内容。③情感态度与价值观：通过本课的学习，要让学生认识四点。第一，英国制度创新对于英国本身和人类现代政治文明的意义；第二，认识到英国制度创新不是必然的，而是有着深厚的历史传统和历史必然性；第三，认识到英国制度创新走的是一条渐变性的改良式道路；第四，英国政治制度发展是依据具体国情和文化传统的。同样，中国的政治体制改革也要以尊重中国基本国情为基础，绝不能照搬西方模式。

这里的知识与能力目标，照搬课程标准中内容标准要求，不是教学目标；过程与方法目标、情感态度与价值观目标又只是形式上的空谈，没有得以实现的内容载体和途径。因此，这样的教学目标就比较假、大、空，缺少实际意义。

其次，教学目标还要有可测性。历史课程目标标准明确说明使用"列举""知道""了解""说出""讲述""简述""复述"等行为动词为识记层次要求，使用"概述""理解""说明""阐明""归纳"等行为动词为理解层次要求，使用"分析""评价""比较""探讨""讨论"等行为动词为运用层次要求，这些行为动词都是可测量的。相比较来讲，情感态度与价值观目标是一种内在的心理活动，难以用具体的语言来表达，要使它具有可测性，就要尽量指出其特定所指，如《美国1787年宪法》课中情感态度与价值观目标可以这样叙述："通过学习美国民主制度的建立过程，理解一种新制度的建立总要经历长期而艰巨的过程；学习美国政党制度的形成与美国资本主义发展相适应的内容，从中感受到美国人务实精神和创新精神。"

为了实现"理解一种新制度的建立总要经历长期而艰巨的过程"和"感受到美国人的务实精神和创新精神"这两个目标，分别依托"美国民主制度的建立过程"和"美国政党制度的形成与美国资本主义发展相适应的内容",使目标变得具体可操作。同时,学生通过学习,可检测目标是否能够达成。

二、历史教学目标设计的依据

(一)课程标准

课程标准是历史教育教学的指导性文件、纲领性文件,它是教材编写、教学及评价的重要依据,也是课堂教学目标设计的最主要依据。课程标准中的课程目标与内容标准是课程标准的主要部分,在设计课堂教学目标时,首先要学习和理解课程标准,尤其是内容标准。对课程标准中的与该节课内容有关的部分要进行深入具体的分析,制定有针对性的、具体的、可操作的课堂教学目标;同时应对课程目标进行分解,以免制定的课堂教学目标过于空洞。

教师在制定教学目标时,要对《普通历史课程标准》有所了解,知道其所提出的知识与能力、过程与方法、情感态度与价值观三维目标的具体要求,同时目标需要具备科学性和可行性,符合内容要求。

举例来说,《欧美资产阶级代议制的确立与发展》规定学生要了解"《权利法案》的制定和责任内阁制的形成"的知识点,"英国资产阶级君主立宪制的特点"这一知识点要理解到位。教师要分析这些内容中都包括了哪些知识点,学生对这些知识点都要掌握到什么程度。教师通过分析上述方面,可以确定这一课的重点是《权利法案》、责任内阁制和英国君主立宪制的特点。

某老师根据这一课程目标制定了这样的教学目标:

第一,掌握"光荣革命"、《权利法案》的制定和责任内阁制的形成等基本史实。

首先,通过阅读教材,能说出"光荣革命"的背景及大致过程。

其次,通过学习能说出《权利法案》的主要内容。

最后,能用自己的话解释责任内阁制形成的过程。

第二,了解英国议会改革及相应选举规则的制定。

首先,通过阅读教材,根据材料并加以分析,用自己的话对英国议会改革的原因加以解释。

其次,能说出议会改革方案的主要内容。

最后,通过学习,能说出英国民主政治"大厦"的结构及内部运行机制。

第三，培养搜集史料、处理史料、运用史料的能力。

首先，通过阅读材料，能从中找出关于不同历史时期议会和内阁权力的消长情况的信息。

其次，能从教材中分析出英国议会改革的特点。

上述目标充分体现课程标准要求，教学目标明确、具体，便于测试，在实际教学活动中是切实可行的。

（二）学生情况

教学目标设计不是对教师活动的描述，而是对学生可能生成的学习目标的确认。所以，在教学目标指定时，动作行为的主体是学生。这就要求作为教学目标设计者的教师应对学生的情况进行分析，如学生已有的学习水平、学生的学习准备状况以及学习的兴趣等，准确制定教学目标的起点以及他们可能达到的水平。教学目标的起点很重要，既不能太高也不能太低，太高会挫伤学生的积极性，太低则会使学生产生浪费时间的感觉。学生的准备状况包括已有的学习水平和课前的预习程度等。学习的兴趣关系到本节课学生参与的积极性。教学目标为教学设计提供指导，指导学生在"最近发展区"内活动。因此，教学目标的设计必须要依据学生情况。

（三）教科书内容

不同版本的教材各有特点，教师应依据具体的版本进行分析，把握教材特点，制定课堂教学目标。一是要了解本课内容与课程标准中相应内容的关系，从方向上掌握课堂教学目标的制定；二是要了解本课内容在整个单元以及整个课程中的地位，即通常讲的教材分析；三是要深入分析历史教科书的整体内容框架，分析历史事件之间的相互联系，正确评价历史人物。在分析教科书时，要做到史论结合，论从史出。

（四）社会需要

除此之外，社会需要也影响着教学目标的设计，根据社会的要求来确定对学生的期望值，以社会目前发展的需要作为准则和价值观去进行教育。课程标准要求"培育具有社会主义核心价值观的公民，是时代发展和社会前进的需求，也是青少年自身成长和全面发展的需求"。所以，在教学目标的设计环节，教师就要考虑让学生学习哪些历史内容可以培养学生的公民意识，并帮助学生树立良好的社会主义核心价值观。此外，课程标准还表示，需要学生"认识在漫长的历史进程中，我国各族人民密切交往、相互依存、休戚与共，形成了中华民族多元一体的格局，共同推动了国家发展和社会的进步，增强民族自信心和自豪感"。这一点在教学环节中，拿《北魏孝文帝改革》一课来举例，教师就可以设计这样一个教学目标：简述北魏孝文帝改革的主要内容，理解孝文帝改革的背景及此次改革对中华文明发展的重大影响，初步认识民族交往、交流、交融对中华民族发展的意义。

（五）教学环境

教学目标的设计还受教学环境影响。教学环境的概念从广义的角度来解释是指影响教学活动的全部条件（包括物质的和精神的），狭义的解释是特指班级内环境影响教学的全部条件，包括班级规模、座位模式、班级气氛、师生关系等。这一点中说的教学环境主要是指与教学有关的物质条件，包括教学设施和教学时空环境。

教学设施包括教学场所和教学用具等物质因素，教学设施是否完备、良好，教学用具是齐全，课堂内是否配置了多媒体设备、教师是否备好了常用的历史地图等。教学时空环境是指教学的时间和空间情况，课程表安排的时间是上午还是下午，大班还是小班，普通教室还是多媒体大教室，等等，这些情况在设计教学目标时都要酌情考虑。

（六）教学内容

教学内容是教学目标设计的主要部分，它决定着教学目标的内容和层次水平，是影响教学目标制定的关键因素。教学内容包括学生学习知识、掌握技能和行为规范，分析的重点是确定学习内容的范围、审读及内容间的关系。教学内容的范围是指导学生需要达到的知识和能力广度，教学内容的深度是指学生要达到的知识深浅程度和能力的质量水平。对教学内容的准确分析，是制定科学合理的教学目标的重要保证。例如，在《秦朝中央集权制度的形成》中，其内容包括从诸侯争霸到秦朝统一、至高无上的皇权和中央官制、郡县制的全面推行。首先，确定内容的深度。这一堂课涉及的重要概念有中央集权制度、皇帝制、中央官制、郡县制，学生必须深刻理解这些概念；其次，是内容的广度。分析秦朝中央集权制度与夏、商、西周的政治制度和秦以后中国古代政治制度的关系；最后，这一课内容间的关系。根据历史课程标准的要求和历史教材必修——政治卷的特点，这一课的主线就是政治制度，熟悉大纲版教学的教师都知道秦朝的统一是教学内容的重点，但在本课却不是，原因就是因为本课的重点内容是秦朝中央集权制度，秦朝的统一仅仅是这一制度建立的背景或条件。所以，秦朝的统一就不能作为一个重要目标去制定。综上，本课的目标可以进行如下设计：①掌握皇帝制度、中央官制和郡县制的主要内容、特征和历史影响，分析理解秦朝中央集权制度的创立对秦朝及后世历史发展起到的积极作用和负面影响。②借助人物画像、文物图片、历史专题片等，感知秦朝的统一，利用结构示意图明确中央集权制度的内涵及相互关系。③认识秦朝建立的专制主义中央集权制度，巩固了国家的统一，有利于古代经济和文化的进一步发展，同时，也加强了对人民的控制。

第三节 历史教学目标设计分析

一、历史教学设计的要素及优化

（一）必备要素：历史教学设计的构成

教学目标是历史教学设计的灵魂导向，教学内容是历史教学设计的实施载体，教学策略则是教学活动实施的路径选择，作为源泉动力的教学评价应贯穿教学的始终，教学反思是对整个教学设计活动的反思与修正依据。

1.教学目标：历史教学设计的灵魂导向

就我国历史课程而言，其教学目标主要有三个：第一，通过历史课程学习，扩大学生的历史知识掌握范围，深入了解历史发展的基本线索；第二，通过历史课程学习，初步认识唯物主义理论与方法，以此了解人类及社会的发展规律及客观对待现实问题，以此构建科学的历史观与世界观；第三，树立不断完善自我、为祖国社会主义现代化建设做贡献和关注民族与人类命运的人生理想。随着课程改革的不断深化，知识与能力、过程与方法、情感态度与价值观成为指引历史教学活动实施的三个主要目标，《中国学生发展核心素养》报告提出后，历史教学设计不断思考学生应具备的历史学科素养，在探索中前进。无论是以什么作为具体的教学目标，都必须学习历史知识，了解人类发展及社会变迁的规律，以历史经验为现实发展提供借鉴。教师作为教学设计者，在历史课程的设计中以课程标准为基础，将国家课程深化为教师自我领悟性课程，结合学生学习情况，逐步提高学生的认知能力，培养正确的人生观、世界观与价值观。

2. 教学内容：历史教学设计的实施载体

教学内容是教与学活动开展的载体，没有具体的学习内容则没有教学活动。教学活动是以学生学习为中心的活动，因此广义的学习内容就是教学内容。教学内容解决"教什么"的问题，按照泰勒原理也就是"提供哪些教育经验来实现这些目标"。在历史课本中究竟应该安排什么样的内容？哪些历史知识是学生必备知识？哪些则是选修知识？教材的编排中尽量考虑到教师与学生对知识的诉求差异，满足师生对历史知识的学习。历史学科按照国家课程标准编排后，教师在具体的教学活动中如何选择？选择哪些内容作为这节课的讲授内容，而又选择哪些作为辅助材料分析？因此，按照古德莱德的五种课程观，在具体教学中，教师要内化教材知识体系，根据学生特点与心理差异安排差异化学习内容。教师根据必修与选修课本、世界史与中国史、古代史与近代现代史等划分维度，在课堂教学中科学合理计划，根据学时与考纲灵活掌握所教知识，并且将知识与方法有趣、有效地教给学生。

3. 教学策略：历史教学设计的路径选择

教学策略是确定教学目标，选好教学内容后思考"该如何实现这些目标"的路径问题。教学策略是指"对完成特定的教学目标而采用的教学活动的程序、方法、形式和媒体等因素的总体考虑。教学策略具有指示性和灵活性，而不具有规定性和刻板性，可以较好地发挥教学理论具体化和教学活动方式概括化的作用"。教学策略与教学方法是不同的，教学方法是多种多样的方法个体，而教学策略则是在教学设计中强调将各种方法途径有机整合并加以运用的整体。随着新课改的推进与信息技术的发展，大部分会在历史教学中运用多媒体技术，比如将历史图片、故事或名人相关资料等内容投放到多媒体上，这样既能吸引学生的注意力，又能丰富历史教学设计，激发学生学习历史知识的积极性，但是教师将大部分时间花费在做课件、查找具体素材等方面，没有充分的时间研习教材、分析学生学情等。再如小组合作教学，大部分教师注重学生分组开展课堂活动，但是在小组合作生不能利用课堂时间完成规定的任务，一部分学生滥竽充数，合作中存在大量难以避免的问题。因此，在具体的实际课堂教学活动中，必须将教学方法使用妥当，否则会产生更多新问题、新难题。

4. 教学评价：历史教学设计的源泉动力

教学评价是对所实施的教学活动的一种测评，是与教学目标进行比对、检验教学效果的重要环节。从不同的视角出发，教学评价的划分结果也是不同的，就我国学界教学评价划分现状来说，主要有两种划分形式：一种是以其性质和功能为依据，划分为形成性评价、诊断性评价和总结性评价三类；另一种是以其参照标准为依据，划分为标准参照评价和常模参照评价两类。教学评价具有导向功能、激励功能、诊断功能等，作为历史教学评价，要让学生的学习符合课程大纲、达到教学目标的各项要求，在历史教学设计中教师就必须具有系统思维，将教学各个要素有机结合，在教学过程中不断实现具体的教学目标。然而，在现实历史课教学中教学评价存在种种问题，不能发挥教学评价应有的功能与价值，教学评价被教师独断专有，只知追求高考升学率，在教学中一切围绕分数转，无法顾及学生的全面发展。

5. 教学反思：历史教学设计的修正依据

教学反思是教学设计至关重要的环节，教师在书写每节课教案时必先思考课堂教学中容易发生的问题，师生之间在课堂教学中如何开展活动，在教学过程中的预设性问题与生成性问题都应提前做好准备。教学反思对教师而言，具有非常积极的价值与意义，能有效促进教师尤其是年轻教师的成长。教学反思是教师对教学设计各个环节的整体回顾与反思，在反思过程中追求以学生学习为中心，达到学习效果最优化。比如在教学反思中对学生课堂历史知识匮乏无法理解史料分析题，教师就应该针对学生对某一些历史内容的盲区进行整体讲授，弥补学生对知识的欠缺。假如学生在课堂教学中无法集中注意力，不能紧跟教师的思路学习，教师在日后的教学中就应该注意课堂导入的灵活性、教学过程的趣味性等，以焕发学生在课堂中的生机活力。教学反思对历史教学尤为重要，无论是日常的教学活动还是为考试而模拟练兵，教师都要反思教与学中遇到的问题，及时指导学生，而学生也应积极主动寻求教师的帮助，师生共同面对教学难题，在探索中一起化解，真正发挥教学反思在教师"教"与学生"学"中的独特作用和价值。

（二）优化提升：历史教学设计的策略

要优化历史教学设计，前提是坚持基本设计原则，同时要明确教学设计中的必备要素。即在教学设计中，要清晰教学目标，注重教学过程与方法的多元化建设，并实现教学评价的全面突出以及教学反思的及时有效。

1. 教学目标应明确清晰，教与学要协调统一

教学目标是教学活动的灵魂导向，学生作为教学行为的主体，在教学活动中扮演着重要的角色。随着课程改革的推进及不断深化，我国教学目标也相应发生了变化。目前，我国教学目标主要有三个：第一，知识与能力，目标对学生"学什么"这一问题进行解答，是教学目标要求中学习内容的关键部分。第二，过程与方法，目标是对学生"怎么学"问题进行解答，是教学目标中对学生学习方法的要求与学习过程的真实体验。第三，情感态度与价值观，目标是解决学生学习情感培育的问题。随着新课改的实施，多年来三维目标已经成为历史教学设计不可缺少的部分，正在具体的历史教学中取得优异成效。学生既学到了历史知识与技能，同时也获得了学习历史的方法，在学习过程中体会到了学习的乐趣，最终学生能够达到对中国与世界历史的整体把握，能够科学认识历史现象以及历史史实的本质，培养其对中华民族文化的认同与热爱。

2. 教学过程应丰富多彩，教与学要系统生动

教学过程是教学设计实施的具体过程，是教学设计能否达到教学实效的重要环节。与传统的教案相比，教学设计更注重各个教学环节的整体把握，更能彰显课堂教学的弹性，更能给学生展示自我的空间，因此在教学过程中应完全发挥学生的积极能动性。比如在《西方人文主义思想的起源》一课教学设计中，通过全面阐述苏格拉底等哲学先驱对人的价值的认知及其精神内涵，可以让学生自主查找古希腊智者学派的代表以及他们的思想，然后让每个小组派出代表扮演智者讲述自己的人文精神与思想内涵，这样可以有效提升学生学习历史的兴趣和积极性，使得整个课堂气氛活力四射，师生更好地互动交流。结合信息技术，利用多媒体展示课本中的各种历史图册、播放历史知识讲堂、倾听历史故事等等，比如在讲虎门销烟时，就可以模拟历史场景，让学生扮演虎门销烟的具体场景，在具体情境中认识和体会清朝末年鸦片对民众的危害以及历史英雄林则徐的爱国情操。总之，教学过程是历史教学设计的具体环节，在实施中要尽量组织丰富多彩的情景活动，使得教与学过程更加生动有趣，激发学生对历史学习的浓厚兴趣。

3.教学方法应多元多样，教与学要有机互动

传统教案中只注重教师的主导地位，忽略学生的主体地位，教师权威是教师开展教学活动的必备条件。而在教学设计中，"以学生学习"为中心则是设计的指导思想，其中教学方法作为教学策略的重要组成部分，在实际教学中必须采取多元化方法，激发学生学习动机。在教学中，依据学生原有的知识与能力，通过采取各种教学方法，以"最近发展区"为指引，在教师的指导下提高学生学习的第二层次水平。根据具体的历史教学设计题目，在实施中可以使用情境教学法、问题式探究法、比较归纳法、多媒体展示法、合作探究法、小组讨论法等方法，在教法与学法的统一下，教师灵活多变地设计每节课的教学方法，实现课堂教学的有机互动。无论是使用一种或几种教学方法，都必须全面诱发学生对学习历史的兴趣和动力，面对历史知识的繁多杂难以及高考压力，教师在教学设计中要不断思考如何让学生在学习中既掌握了历史知识，又以最少的时间、最快的速度完成教学任务。教学方法是教法与学法的统一，切莫在实际的教学活动中只注重教师的"教"而忽视学生的"学"。

4.教学评价应全面突出，教与学要互相助长

教学评价是对教学过程、教学内容、教学方法、教学效果等做出判断和评估的过程，是教学设计的重要组成部分。教学评价贯穿于教学的整个过程，不仅仅涉及教师的"教"，对教师的课堂教学活动做出评判，而且也必须涉及学生的"学"，主要是关注学生学习目标的达成度以及学生学习过程的价值判断。在现实的教学评价体系中，由于种种原因而导致评价体系不全面、不系统。要将传统的"以教论教"逐步改变为"以学论教"，科学合理地对教师和学生进行评价考核，真正体现学生的主体地位。其中对教师的评价包括两个方面：一是课堂教学过程的评价，二是对教学效果的终结性评价。除了外部评价外，教师的自我评价可以让教师在反思中明确自己的优点和不足，不断改进教学活动，变革教学理念。教师通过他人评价可以更了解学生的学习情况、学情，为教师教学实施提供依据和法宝。学生作为课堂教学实践活动的主体，科学合理的学生评价是对教学目标进行定性和定量相结合的考核，包括纸笔测验、课堂提问、作业完成等形式。在教学评价中逐步提倡"以学论教"，这样不仅注重学生学习过程的评价，同时强调了对学生学习结果

的评价，如此，突出了学生的主体地位，激发学生对历史学习的兴趣和动机，提高历史学习效果，充分发挥历史课程的育人功能。

5. 教学反思应及时有效，教与学要衔接严密

有学者曾提出，坚持写反思的教师比坚持写教案的教师更有可能成为名师。这明确地说明了教学反思在一线教师教学活动中的重要作用，教学反思能够提高教师教学能力和水平，能够让教师不断思考教学中出现和遇到的问题，以便在今后的教学设计和教学活动中加以完善。然而，在实际的教学中很多教师存在诸多教学问题，比如教师在讲授"太平天国运动"这一节课时出现如下问题：①教师为了扩展教学内容或者知识容量，在网上大量复制图文资料，自制成PPT进行教学，由于PPT内容的繁多，教师没有太多时间与学生开展有效交流，缺乏对学生学习情况的关注，更忽视了学生个人情感的发展；②教师对课堂教学时间掌握不好，拖堂现象严重；③教师对教学内容不熟练致使教课时无法全面系统，不能及时回答学生的提问；④小组合作生浪费时间，没有起到合作的效果，在小组合作教学中教师对学生学习情况不能很好把握，学生对自己的任务认识不清。教学反思，是教师在一定的教学理论指导下，对自身教学行为进行审视，并在此过程中实现自我完善、提高教学质量的过程。课堂教学永无止境，教学反思亦如是，在反思中优化历史教学设计，推进教师专业成长。

二、大单元教学模式下历史教学目标的设计与落实

（一）大单元教学内涵及必要性

随着新课标的推出，历史核心素养的提出进一步明确细化了在新时期教育要"培养什么样的人"的问题，即"全面发展的人"。新要求也带来新的挑战。新教材体现出历史时空跨度大、知识点内容细且多的特征，这就需要教师运用更加高效的教学模式整合教学内容，使课堂效率达到最佳状态。大单元教学对提升统编历史教材教学效益有重要的推动作用，已得到学界的广泛认可。在教学过程中，只有把零散独立的知识点进行贯通并走向大单元设计，才能使学科素养更好地融入育人的过程。

1. 内涵

对于大单元概念的理解，存在两种偏差。第一，将"大"理解为"大容量"，这种偏差表现为将该单元相关的知识点和相关资料杂糅在一起，最后导致呈

现在教学方案中的内容过多过乱。第二，认为"大单元"就等同于教科书中所划分的"第一单元、第二单元……"，循规蹈矩地套用课本结构来设计教学方案。大单元教学提倡以国家所规定的课标、教材为基础，将具有内在联系的教学内容和教学资源进行整合优化。在新课程标准中提到了大单元教学设计的基本依据，即注重学科大概念的核心地位，使课程内容结构化，以主题为引领，使课程内容情境化。加速学科核心素养的落实。这里的"大单元"通俗来说，就是教师在备课时所提炼出的整个单元的核心点，然后立足于这个点，串联起政治、经济、文化等各方面内容，构架起教学内容的整体框架。教师在进行教学设计时首先要明确这一点，才能对教学内容进行更加明确的整合，从而设计出完整的大单元教学方案。

2. 必要性

（1）核心素养的呼唤

新课程标准中明确了历史学科的核心素养，包括唯物史观、时空观念、史料实证、历史解释、家国情怀等。力求通过对这些素养的培育，来落实立德树人的根本任务。基于学科核心素养下的历史教学，不仅要求通过单抓某些单独的知识点来培养学生的核心素养，更强调的是在通过一连串的知识积累后，使学生形成关键的能力和必备的品格。新课程标准将必修课程一共划分为二十四个专题，作为历史课程学习的基本内容。新版历史教材以通史的形式进行编排，将历史学科核心素养渗透在每一个专题里。教师在教学过程中，要实现提升学生核心素养的养成目标，就要在教学设计时做出一些改变，选取适当的方式对内容进行优化整合，采取大单元教学。

（2）新教材的需要

新教材、新课标的推出需要新教学，新教学需要新设计。据调查，教师在教授统编版教材时面临这样一个问题：课本知识容量与课时数相矛盾的问题。这也就意味着在紧迫的时间内，教师既要在遵循学科历史发展规律的条件下传授历史知识，又要将学科核心素养融入教学以完成立德树人的任务。这无疑是一个新挑战。老版本教材以专题史为主，容易导致知识碎片化，而大单元教学具有较强的系统性，通过大单元的整合能生成一个全面的知识网。选择合适的教学模式可帮助师生在教学时及时与新教材进行磨合，同时根据实际情况对教学和学习方法做适当调整，继而实现学科核心素养的养成。

（二）把握主题，厘清脉络

1. 以教材课标为据，确定教学主题

下面以《中外历史纲要（下）》第五六单元为例，来探讨和分析大单元教学模式下如何进行教学目标的设计。第五单元上承第三四单元，伴随着新航路的开辟，殖民扩张运动不断发展，为工业革命的发生发展提供了经济基础和广阔的市场。经过不断的发展与完善，资本主义制度在欧美等国得到确立，为工业革命进一步扩张提供了政治保障，工业革命的发展与资本主义的不断扩展又逐步推动了其在世界范围内的确立。下接第六单元，19世纪末，两次工业革命的基本完成，对世界殖民体系的形成和亚非拉地区民族独立运动的兴起产生了深刻的影响。第五六单元以工业革命为起点，工业革命是资本主义发展历史进程中一个至关重要的转折点。大机器生产带来了社会经济结构的改变，使人类逐步从农业社会迈向工业社会，推动了人类社会的大转型。我们从宏观角度看，第五六单元主要讲述了工业革命对资本主义国家内部和外部两个方面的影响。对内而言，经济结构和阶级结构的变化，加剧了资本主义社会的基本矛盾，工人运动不断高涨，马克思主义应运而生，对外则是资本主义世界体系的形成。可以概括为两条主线：第一，从工业革命到资本主义社会的撕裂再到马克思主义诞生；第二，从工业革命到资本主义的扩张再到殖民体系的形成。

新课标对第五六单元需要掌握的内容做了以下要求：理解工业革命对世界资本主义体系的形成和人类社会产生的影响；了解《共产党宣言》的主要内容及马克思主义诞生的世界意义；了解列强在亚非拉的殖民扩张、殖民地人民的反抗斗争的相关史实，以及世界殖民体系的建立和殖民地民族独立运动对世界史所产生的影响等。两次工业革命让世界产生了翻天覆地的变化，造成了东方逐渐从属西方的局面，改变了世界不同国家、民族、文明的相处方式，构建起强权政治的不合理国际关系。这就不可避免地导致了亚非拉等落后地区的反抗。由此可见，近代世界是以工业文明为基础构建，以西方资本主义国家为核心运转起来的。因此，我们将"工业文明的崛起及扩张"确立为衔接第五、第六单元的单元教学主题，注重从大单元视域入手，追求历史的大脉络。

2. 整合教学资源，厘清教学脉络

根据上述我们总结出的两条主线，可对教学资源进行较为有条理、系统性较强的整合。下面将以"工业革命—资本主义的扩张—殖民体系的形成"为例，说明如何进行资源整合。

教学资源不仅局限于教材中的文字及图片史料，还包括多媒体影音等，教材中的"史料阅读"引用了《共产党宣言》中的一段话，揭示了第一次工业革命产生的缘由。在"问题探究"部分又引用了马克思的《不列颠在印度的统治》，描述英国将棉纺织生产大国印度挤出欧洲市场，并且向其输入棉纱，打破印度的传统生产方式，展现出工业革命后的资本主义侵略性与扩张性的特点，通过整合文字资料可以使教学脉络更加清晰。图片在教材中也占有很大比例，包括历史人物图像、情节图、地图等，图片更具有直观性、趣味性。第十课的开篇就为我们展示了"珍妮纺织机"的图片，它的出现标志着工业革命的开始，还为我们展示了以蒸汽机作为动力的绘画作品，反映出蒸汽机在第一次工业革命中的广泛使用及对工业革命的推动。展示了大量的历史地图，使学生通过识读能够直观地认识列强在亚非拉的殖民过程。除了以上教材中已有的资料外，还要注意对教材内容的补充，例如纪录片《世界历史》通过两集视频，向我们讲述了欧美资本主义国家工业革命发展进程，借助这种绘声绘色的资料可以加深学生对本课知识的记忆与理解。

（三）渗透核心素养，设计教学目标

教学目标的设计不仅要考虑对教材内容的分析、课标的要求，还要重视对学情的分析即考虑学生的年龄特点、学习能力和原有知识水平等，高一学生在初中已了解过本课的一些内容，但对本课内容还缺乏一个系统整体的认识，理解还不够透彻。因此，在教学过程中，教师要引导学生对两次工业革命后资本主义的扩张进程进行系统的梳理分析。此外，本单元的时间跨度较长，一些知识点理解起来难度较大，因此在教学目标的设计上要尽可能贴近学情。教师应站在历史唯物史观的立场上，合理运用史料来引导学生评价、归纳这一时期的特征，强化学生学习历史所要具备的时空观念以及对历史的解释能力，下面我们可据此来制定本课的教学目标。

唯物史观：站在历史唯物史观的角度看，通过分析工业革命的背景以及工业革命对马克思主义的诞生和资本主义世界体系形成的影响，正确认识生产力与生产关系、经济基础与上层建筑之间的关系，了解人民群众在社会发展中发挥的巨大力量，学会用辩证唯物主义的观点来认识问题。

时空观念：本课时间跨度较长，可以用时间轴的方式来厘清本单元的主要内容，在较长的时段中关注相关史实的联系，全面认识从18世纪60年代到19世纪末这一时间段内在工业革命影响下的世界面貌。

史料实证：对教材内容进行分析，整合史料资源，例如文献、史料实物、地图等，提高学生分析运用史料的能力。教师通过收集到的文字与图片等史料来引导学生结合史料开展独立探究，从多元化的视角分析问题，使学生在思考中形成自己的观点以及正确看待历史问题的能力。

历史解释：结合史料，从不同的角度来探讨和理解工业革命产生的背景，对工业革命给世界带来的影响进行全面的阐释；通过一系列的史料来分析工业革命对马克思主义诞生的影响及马克思主义诞生的深远意义；在进行充分对比和分析历史资料的基础上，要用辩证的眼光看待资本主义世界经济体系和殖民体系形成的影响，并且对此做出合理明确的解释。

家国情怀：通过本单元的学习，理解工业文明时代是人类社会形态从低级向高级发展的重要阶段，认同马克思主义的时代价值，树立走社会主义道路的信念；认识世界历史发展的潮流趋势，能够从殖民扩张的历史事件中反思和总结其历史影响。教导学生要全面、客观地认识历史和现实，以积极的态度面对不同机遇和挑战，培养学生的家国情怀。

（四）反思提升

在进行单元教学时，教师要将核心概念提取出来，这些看似细碎的知识点有了核心主题的统领，就能被整合串联成一个知识体系。由此看来，在新课标的指引下，大单元教学既是提高历史教材可学性和效率性的必然选择，又是促进学生进行探究学习、培育学生历史学科核心素养的重要方式，对于促进教师教学和学生学习都有帮助。

三、历史课堂"板块式"教学设计的目标追求

"板块式"教学设计作为一种理念、思路的"板块式"教学设计，"就是在一节课或一篇课文的教学中，从不同的角度有序地安排几次呈'块'状分布的教学内容或教学活动，即教学的内容、教学的过程都是呈板块状分布排列。"应该说，这种教学设计思路最初是有着很强的学科针对性的。语文教学面对的就是"一大块"课文；而语文教学的任务却是繁杂的字词识读、写作手法剖析、写作艺术鉴赏、情感体验、思想教育等等。无论是教学内容还是教学任务，都有让人无处着手之感。"板块式"教学设计恰恰为语文教学提供了处理教材、策划教学进程的恰当方法，能有效解决诸如"大面积课堂教学中步骤杂乱、思绪不清""就课文教课文"等问题。

由于这种教学设计思路切合了课改之初倡导的"用教材教"的理念，为授课者重构教材内容、创造性使用教材提供了路径，所以一经提出，其他学科纷纷效仿采用，历史学科也不例外。在这个过程中，广大教师改进了课堂教学形式，提高了课堂教学质量，也增强了自身把握教材、驾驭教材的能力。但是，随着"板块式"教学形成"潮流"，人人趋时跟风，难免出现"为板块而板块"的现象。鉴于此，有必要正本清源，通过具体剖析历史教学中"板块式"设计的成功范例，明确历史教学中"板块式"设计应追求什么样的目标，以便于老师们在今后的教学实践中明确设计意图，增强设计的针对性与目的性，更好地发挥"板块式"教学的作用。

历史教学与语文教学有着明显的区别。比如，历史教学的内容原本就是"分块"的：从教材呈现形式上看，每节课都分为 2 ~ 3 个子目；从教学内容上看，历史知识的特点决定了每节课内容都可以在逻辑上分为背景、经过、结局或原因、经过、影响（意义、作用）等板块。这其实是增加了历史教学"板块式"设计的难度。如果教学设计仍是沿用教材的内容结构，缺乏深入分析，仅仅是在板块名称上下功夫，把过去常用的"背景""经过"等换个说法，那就大失"板块式"设计的价值。

历史教学中成功的"板块式"教学设计，其作用主要体现在这样几个方面：彰显知识结构，切合认知规律、凸显教学立意。当然，实际教学中这三方面很难截然分开，很多教学案例都是综合体现多方面的作用。

（一）彰显知识结构

深度教学理论认为，"学科知识教学不是对知识的简单占有和机械的训练，而是基于知识的内在结构并对知识进行完整深刻的处理，即知识广度解读、知识关联度解读、知识深度解读等，引导学生从符号学习走向学科思想和意义系统的理解与掌握，并导向学科素养的培养"。"板块式"教学设计的一个作用就是便于将知识的内在逻辑结构明确彰显出来，并在此基础上对教学内容进行深刻处理，引导学生深刻理解知识背后的意义与价值。

（二）切合认知规律

好的教学设计，不但要遵循知识的内在逻辑，更要遵循学生的认知逻辑，切合学生的认知规律。正如有论者指出的，一节好的历史课，应该"能顺应学生的认知逻辑""课堂教学以学生为旨归，认知逻辑是促使学生'能学''会学'的关键要素"。"板块式"教学设计通过对教学内容的分化重组，在体现知识内在逻辑的同时，也要符合学生认知逻辑，遵循学生认知规律，便于学生学习掌握。

（三）凸显教学立意

教学立意应该是建立在对教学内容的深刻理解与透彻把握基础之上的，而"板块式"教学设计则是着眼于对教材内容做形式上的灵活重组。对内容的凝练升华，恰恰可以借助这种灵活创新的教学组织形式表现出来，相得益彰。一个好的"板块式"教学设计，首先应该是为教学立意服务，围绕教学立意，凸显教学立意。

历史教学中的"板块式"设计有其难度，授课者应该在透彻理解教材的基础上，创造性使用教材，重新组织教材内容。如果缺乏对教材内容的深入把握提炼，板块设置仅仅是对教材固有内容结构的重复，那就成了"为板块而板块"，流于形式，失去了意义。当然，实践中也有一些"板块式"教学设计，尽管缺乏对教材内容的重组或深度阐释，仍然沿用了教材的结构，但是另起了一些既与教材内容切合，又贴近学生实际生活经验的板块题目，用语或新颖独创，或活泼智慧，能起到激发学生学习兴趣的作用。这样的"板块式"教学设计，也有其价值与意义。

第三章 历史教学设计改革

第一节 历史教材分析与学情分析的设计改革

一、历史教材分析

在当前中国教育语境下，历史教材是历史教学内容的主要信息来源，对学生的关注是课程改革的内在主旨，历史教材分析与学情分析是历史教学设计的重要凭借。

（一）何谓历史教材

如何理解历史教材，需要对教材的含义做基础性厘清。教材是在教学过程中教师用来协助学生达到教学目标的各种知识信息材料。

教科书是作为教育工具的书，它有以下特性：①作为好的思维或情感的媒介。②作为具有潜能可促使新事件发生的关于过去事件的记录。③作为思想或过程的权威记录。④作为概念或知识（信息）实体的编制者。⑤作为增加意义和丰富经验的刺激物。

从教材编写者的立场来看，教材编写以培养目标为依据，在教学过程中具有重要作用。将教材放在教学活动中加以考察，其与一般书籍有很大区别，其概念扩展到无形的教学情境中，超越了教材作为有形实体的限制。

从教学设计的角度看，历史教材属于学科课程的信息载体，更凸显历史学科内容的编制特色。作为历史学科课程内容的系统组织，历史教材聚焦了历史学科课程的静态内容。在教学理论意义上，它是承载历史教学内容和历史信息的物化的材料，是由一定的教学目标、学习内容和学习方式分门别类组成的可供学生阅读、视听和操作的材料。当然，在中国教育语境下，历史教材更聚焦性地指向历史教科书。

（二）如何分析历史教材

教材分析包括对教科书内容的主题分析、对教科书的结构分析以及对课程标准的依据分析。如何分析历史教材，至少需要采取以下步骤与措施：

1. 立足历史课程标准

历史教材是历史课程内容的重要载体，是历史课程内容的物化形式。从课程角度讲，历史教材体现了历史课程目标，是历史课程实施中的重要凭借与手段。反过来看，分析历史教材又必须以历史课程标准为指导。这就要求教师要理解与把握历史课程标准的性质与结构，对相关内容标准的要求能做深入分析，并以此为指导，从整体上把握与理解历史教材。

鉴于历史课程以主题或模块为课程组织方式，这就需要教师在对某节课进行内容分析时，必须以课程标准为依托，对本课所在的主题单元做宏观分析。

好的教材分析能够触及并揭示本课所在单元主题之间的前后关联或迁移关联，能对模块主题进行顺序重组、内容重构，并整体性地关照模块主题。比如，能够依据历史课程标准，分析历史教材有几个单元主题？本课所在单元主题与其他单元主题存在哪些联系？本课在本单元主题中的地位与作用如何？从更高的层面分析，本教材侧重从哪些方面呈现教材内容？教材编写的理念及所传达的历史观有哪些？所有这些，都便于教师立足历史课程标准，从较宏观的角度分析与把握历史教材。

2. 分析历史教材的基本内容与结构

在立足课程标准前提下，教师还要更细致、深入地研究教材。教师教材研究的焦点在于如何实现教材的两个转化：其一，如何从预设教材过渡到生成教材；其二，如何使教材转化为学材。应从作业方式、思维方式、活动方式、活动步骤及活动技术这一系统教学的视点出发去研究教材。也就是说，要研究教材内容的落实路径，使教材内容最终被学生转化与理解。

从教学设计角度看，分析教材的基本内容与结构是教师研究教材的起点与抓手。历史教材基本结构反映了历史教材各组成要素关系构成及特征。

教师研究教材就是要注重分析教材各组成要素的关系、逻辑顺序和组织形式，体现在操作上，主要是基于本课立意，把握课文中的子目内容构成、各子目之间的逻辑关系，深入理解历史教材的主要内容。具体而言，首先，要综观教科书目录。目录是全书的提纲与缩影，阅读目录能够形成对全书内容的概要理解，概括性地把握全书的总体结构以及各章、节、目之间的内容联系。其次，要认真地阅读单元主题、课节标题，理解单元、课节之间的内在联系。最后，阅读课文时方法要得当。

3.整合、重构历史教材内容

历史教材既不是唯一的历史课程资源，更不是唯一的历史教学资源。在历史教学中，既不能仅仅局限于教材内容，只凭历史教材来组织教学内容，更不能受制于教材设计顺序，按教材内容顺序来安排教学顺序。

从上述意义上看，在历史教学设计中，还要整合与重构历史教材内容。通过对历史教材基本结构的分析，尤其是对教材各子目内容及其关系的内在把握，确定教材的整体内容特征及前后教材内容的关系，对历史教材中的具体内容进行整合。教师要紧紧把握教材特点，准确理解历史课程标准，结合教学的具体情况，对历史教材内容进行选择、取舍、加工和整合。对历史教材"再开发"的过程，实际上也是使历史课程内容具体化的过程。

二、历史学情分析

（一）何谓学情分析

教学设计将学情作为课堂教学的起点。学情分析体现了新课程改革的理念，揭示了课堂教学由学科本位、知识本位到学生主体性的转变。对学情分析的理解，代表性观点如下：

从语言学的角度，"学情分析"中的"学情"可理解为"学生情况"或者"学生学习情况"的缩略语。

能否被界定为"学情"，至少要满足两个条件。首先，它对教学效果的影响是经过科学论证的；其次，存在科学有效的教学手段可以弥补它对教学产生的影响。

可以看到，学情分析的指向范围有大有小。学情可以包括学生的知识掌握情况、学习兴趣、学习习惯、学生情绪、学生文化、学习生活，也可以仅指向"影响教与学效果"的那些信息。在历史教学设计中，考虑到学科教学的有效性，对学情的理解更侧重于后者，即学情分析主要侧重于对历史教学内容有显著影响的重要信息，尽量地能够对学情进行准确的评估，对学情所产生的教学影响能够采取具体的教学措施来予以改进与补救。

（二）学情分析的策略

学情分析是教学设计中的必要话语。它既是教学研究的重要生长点，又是教师做好历史教学设计的基本功。若要做好学情分析，至少需要采取以下策略：

1.学情分析要与具体的教学内容相联系

在历史教学设计中，学情分析中的常见问题，即是照抄教师参考用书或其他辅导用书上的学情分析，或者只笼统地分析学生某阶段的年龄、心理特征。如此的分析既不具体，又无实际内容，其导致的现象便是学情分析"放之四海而皆准"。

学情分析实质上是对学生具体学习情况的分析，学情分析的内容是影响学生在学习过程中有效学习的因素分析，学情分析侧重于方法、内容与实践层面，为教学设计提供行动的基础和策略指南。在历史教学设计中，学情分析更聚焦于对本课学习所可能遇到的历史问题的深入分析与预测。教师要结合具体教材内容进行深度分析与探究，尽可能预测学生可能出现的学习问题，相对本课而言，学生已学过哪些相关内容？还有哪些知识遗漏？可能还需要补充哪些方面的内容？可能还会出现哪些方面的问题？所有这些都要做出分析与评估。学情分析只有结合具体的教学内容，才能体现学情分析的针对性。

2.学情分析要做到具体化与细化

学情分析使教师教学尽可能准确化。借助学情分析，教师可从某些侧面寻求教学实施的有效依据，解除学生的认知困惑，定位学生的"最近发展区"，以制定较为理想、明确的教学设计。从此意义上讲，学情分析要做到具体化与细化。

如何对历史课堂中的"学情"进行细致、具体的分析？一般而言，要重视对与本课学习内容相"对接"的知识内容的分析，包括学习本课内容的前提性条件有哪些？在教学上的意义是什么？本课所要分析的内容涉及哪些方面？如何分析这些内容？针对所分析的学习内容的特点，采取何种教学策略、教学手段和方式？同时，针对上述分析内容，遵循相关认知学习规律，寻求与学习内容相衔接的外在学习条件。第一，如果学生认知结构中原有的概念或命题的概括性与包容范围高于要学习的新概念或命题，则新概念或命题的学习属于下位学习，教师可以根据下位学习同化模式安排学习的内外条件。第二，如果新学的概念或命题的包容程度高于原有的观念，则新的学习属于上位学习，教师应根据上位学习的同化模式安排学习的内外条件。第三，如果新的概念或命题与原有知识既无上位也无下位关系，则可考虑它们是否与原有知识存在某种并列的相互吻合的关系。

学情分析在于将学习者的已知看作教学的起点和最重要的因素，并以此探讨学生从初始状态到目标状态的转变过程，其最终指向是为教师的有效教学行为提供准确的信息和依据。

第二节 历史教学重点、难点设计改革

一、历史教学重点与依据

（一）何谓历史教学重点

对教学重点的界定，理论界所积累的成果并不多。查询相关著作、期刊，列举主要观点如下：

历史教学重点必须依据教学目的来确定，必须是教材中的中心课题或中心内容，必须是对历史发展起决定作用或产生重大影响的历史事件和历史人物。

所谓重点，是指在历史发展的全过程中占重要地位、有重大影响、起重要作用的历史知识。就一节课而言，它是指全课中最能体现教学目的的部分，是教材中起主导作用的内容，是理解该部分教材的关键。教学重点是这节课中最主要的知识和思想教育内容，是为完成教学目的所必须着力讲授的部分。它是组成历史发展基本线索的主要内容和环节，是教学中的关键部分。

所谓重点，指的是课文的主要内容，是基本线索的主要环节，在实现教学目标、完成教学任务方面起主要作用。

教学重点是教学目标中所要完成的最基本、最主要的内容，而确定教学重点应该以教学目标为根本依据。

从理论上讲，教学重点是体现教学目标要求的最本质的部分，是集中反映教学内容中心思想的部分。从实际操作上讲，一节课的重点是该课教学内容中最基本、最重要的部分。

教学重点主要指确定的学习目标、学习内容和学习方式。确定的学习目标指教师在教学过程中要帮助学生制定发展目标，这种发展目标的核心是要符合学生实际的学习目标。

教学重点是指从教学目标出发，在对教学内容进行科学分析的基础上而确定的最基本、最核心的教学内容，通常是指一门学科所阐述的重要概念、原理、规律、技能，是学科思想方法或学科特色的最集中体现。

从上述观点所界定的教学重点中可看出，界定教学重点的视角与落脚点，涵盖了史学要素（历史事件和历史人物）、教材观点、教学目标、课文内容、学习目标、学习内容、学习方式、学科思想方法与学科特色等，在更广泛的意义上，这些"依托点"都可与教学重点发生关联，并提供不同教育语境的规范与诠释。当然，在更深层面上，教学重点指向于课堂目标。倘若将教学重点归属于教学内容，它无疑是教学内容的核心部分，是实现课堂目标的最重要内容的依托。

（二）确立历史教学重点的依据

从上述教学重点的诸种界定也可看出，确定教学重点的"支撑点"有着不同性质与类型，具体可分为以下几种：

1. 外在的可能性依据

外在的可能性依据主要指实践中的、可能的外在关联，据此划分教学重点的凭借与支撑，从这一维度看主要包括历史事件的作用和影响、教材的内在联系和主从关系、对学习历史所起的作用等。

（1）历史事件的作用和影响

在一节课的教学内容中，可能涉及多个历史事件，确定某个历史事件是不是重点就要看它们在整个历史进程中的作用和影响。比如，《三国鼎立》一课，通常涉及"官渡之战""赤壁之战"等重要战役，它们都是三国时期以少胜多的重要战役，两者究竟哪个是重点内容，就要看其对历史发展的全局性影响和作用。"官渡之战"促进了曹操统一北方，"赤壁之战"奠定了三国鼎立的局面，两者相较，"赤壁之战"对那一时期历史发展的作用更大，应做重点处理。

（2）教材的内在联系和主从关系

历史教材内容源自课程标准，既有一定的指向性，又有其自身的编撰系统性。在确立教学重点时，需要考虑教材的内在联系和主从关系，依据某一知识在教材内容中的地位或作用进行辨别与确立。

（3）对学习历史所起的作用

"以学定教"是新课程的教学理念。在课堂教学中，重点往往也是变化的，变化原因之一就是学生的实际情况。教师可根据学生学习基础和知识本身的特点及难易程度，再结合学生的理解水平来确定教学的重点。比如，学习《改革开放》一课前，教师所做的学情调查如下：

学生1：改革开放进程中的世界潮流和国际环境分别是什么？

学生2：家庭联产承包责任制调动了农民的积极性，农业取得大丰收，但是现在的土地流转现象很多，粮食产量继续上升，这两者矛盾吗？

学生3：教材中开放经济特区部分，"给予两省更多自主权"、财政上试行"中央统一领导下大包干的办法"是什么意思？

从反馈的问题看，学生对改革开放的理解，特别是对改革开放历程中如何酝酿伟大的历史性转折和现代化建设的新阶段等的理解还有一定困难；对家庭联产承包责任制和今天"土地流转现象"之间的关系认识不清；对如何进一步突破改革开放进程中的一些具体细节和教材中的相关表述存在疑虑。要解决上述问题，势必要对改革开放中的关键点做更深入的挖掘，以此学情为出发点，将本课的教学重点定在：从理解改革开放的阶段性来体会改革开放的艰巨性和复杂性。

2. 内在的根本性依据

内在的根本性依据主要指根据内在的学理分析及其决定性的根本关联，据此划分教学重点的凭借与支撑，从这一维度看主要包括教学立意和课堂教学目标。

（1）教学立意

教学立意是决定一节课教学重点的最根本性依据。从上述实践中的、外在的可能性依据看，无论根据历史事件的作用与影响，还是依据教材的内在联系和主从关系对学习历史所起的作用等支撑点来确定教学重点，都只能是外在的可能性判断，这样的判断在实践中具有一定的指向性效果，但并不恰当与准确。比如，《美国联邦政府的建立》一课，有的学生认为"美国联邦政府的建立"既是标题，又贯穿了教材三个子目的内容，它就是本课的教学重点；有的学生认为本课涉及美国独立后的形势、《1787年宪法》、两党制等多个史实，《1787年宪法》无疑是最有历史影响也是最重要的，它就是教学重点。这些看法有一定的道理。不过，如果细加考察，似乎仍存在疑问："美国联邦政府的建立"属于历史事件，它虽是标题，但与单元主题"近代西方资本主义政治制度的确立与发展"所强调的"政治制度"存有一定距离，以此来确定教学内容，不免偏重于联邦政府建立所涉及的时间、人物以及相关事件等，涉及政治制度的内容反而不多；《1787年宪法》可能更接近于政治制度，不过它仍属于文献法典，涉及内容面广，以此来组织教学内容也有可能走偏。

事实上，一堂课的教学重点，最终决定于其教学立意。本课相关的课程标准要求是"说出美国《1787年宪法》的主要内容和联邦制的权力结构，比较美国总统制与英国君主立宪制的异同"；而本课所属的单元主题是"近代西方资本主义政治制度的确立与发展"，实际上是要强调欧美资产阶级代议制的确立及其特点。本课的立意显然要突出制度变迁，彰显美国资产阶级代议制的特点。代议制的内容十分繁杂，涉及议会制度、政府制度、政党制度等多个方面，如何突出其特点？

课程标准要求"说出联邦制的权力结构""比较美国总统制与英国君主立宪制的异同"。在这里，并不是要从政治学意义上"说出""比较"，而是要从历史角度具体地加以说明。每个国家的发展道路各不相同，欧美资产阶级代议制各有自身的特点：英国是渐进式的发展道路；美国在北美大陆确立了史无前例的共和国；法国确立共和制的道路艰难而曲折；德国是统一和制宪两个主题并行。况且，在制度层面上，代议制在这些国家的表现也各有差异。如何历史地说明美国政治制度的确立？如何历史地分析美国资产阶级代议制较其他国家代议制的不同？这应为本课教学内容的聚焦所在，也应成为本课的教学重点。

（2）课堂教学目标

从学理上看，教学目标决定教学内容。无论是历史事件的作用和影响，还是教材的内在联系和主从关系，或是对学习历史所起的作用等，这些外在因素都最终以与教学内容的关联呈现出来，而其关联背后的指向，仍在于课堂教学目标的达成。从这一意义上讲，依据课堂教学目标，也可以确立教学重点。

综合起来看，如何确定教学重点，其依据背后折射了一定的教学理念。以历史事件的作用和影响或以教材的内在联系和主从关系为依据确立教学重点，折射了一定程度的"知识决定论"；以对学习历史所起的作用为依据确立教学重点，反映了考察依据开始向"学生中心论"倾斜；而依据课堂教学目标或教学立意确立教学重点，则又回归到教学重点的本质诉求上。尽管以课堂教学目标确立教学重点缺乏某些实践"抓手"，以教学立意确立教学重点更有一定的操作难度，但是它们毕竟是衡量教学内容是否能成为教学重点的内在标尺，值得优秀历史教师在实践中探讨与追寻。

二、历史教学难点与策略

（一）何谓教学难点

与教学重点相类似，教学难点也是教师日常备课中容易涉及但常常未曾深思的课堂要素和话题。迄今的理论界对教学难点的界定不太多，主要观点如下：

难点指学生对教材不易理解的部分。

难点，有来自教材的，也有来自教师的，还有来自学生的。

所谓难点，是指教材中难以处理的知识点。

所谓难点，主要是指学生在学习教科书内容时所遇到的困难。历史教学难点分为理论性难点、史料性难点、历史发展进程的难点和事件行进过程的难点。

学生不易理解的知识，不易掌握的学习方法，不易获得的学习能力都可以被包含在教学难点的范畴内。

教学难点是学生学习上阻力较大或难度较高的节点，是茫无头绪或较艰深的内容，也就是学生难于理解而有待于教师启发解惑的教学内容。

历史教学的难点，一般是指与学生已有的认知水平存在较大落差，不经过教师的启发讲解，学生难以理解和掌握的那部分教材内容。

教学难点指的是教学中有困难的地方。按当下新课程改革的术语，就是相对于预设的教学目标，教学中不易"变现"的部分。

可以看出，界定教学难点的视角与支撑点主要涉及教材难度、学习难度、教师指导难度、教学目标实现难度等维度，这也折射了教学理念、理论关注点的位移和质变。在较早的传统观念里，教学难点常指学生难以掌握的知识技能和技巧，或是学生不易理解的知识内容，但后来教学难点涉及的范围、对象、焦点等都逐渐发生了改变与拓展。一般意义上来说，教学难点是课堂教学之中教师"难教"、学生"难学"的部分。遵循学生认知规律，恰当处理教学难点，无疑会使教师易教、学生易学，这对提升课堂教学有效性至关重要。

（二）历史教学难点的确定

依据上述分析，教学难点无论从哪个角度界定，其最终都落在学生的学习难点上。也就是说，教学难点的确定，可以从形成学习难点的因素来进行，主要有以下几种：

第一，针对学习内容，学生缺乏相应的知识储备与知识连接，或者时空距离较远，难以形成深入的感知与理解。从学生认知规律上看，学生获得新知识的顺序大致是由浅入深、由近及远、由已知到未知，循序渐进的。如果学生缺乏对学习内容的必要知识基础，就难以真正理解新的知识内容。比如，学习《中华文明的起源》一课时，由于学生缺乏对远古时代的认知条件，客观上的考古材料又十分有限，因而在理解远古人类历史时就非常困难。远古时代既没有较多的史料遗存，与现实生活又有着巨大的时空差距，对其的文字描述不仅大多限于推测与想象，且都抽象、难以理解。因此，该课的教学难点就是要帮助学生获得对远古人类生活的推测性认知，由此获得理解远古人类历史的学科方法。

第二，学生学习新的概念内容时缺乏相应的概念思维或认知基础，导致学生认知过程冲突或内容冲突，陷入认知困境。建构主义学习的相关理论认为，认知学习受三个过程的影响，即同化、顺应和平衡。对历史学习而言，学习新的历史内容时，学生需要将新知识纳入原有的历史认知中，这就是同化的过程。当学生不能用原有历史知识理解新内容，或在与新内容顺应的过程中不能平衡协调时，就会产生认知障碍与困惑，形成教学难点。比如，《鸦片战争》一课的"领事裁判权""片面最惠国待遇"等概念，学生对其较为陌生，教师在教学设计中倘若不能补充相关的辅助性理解内容，就会形成教学难点。

第三，由知识迁移所产生的负迁移作用，也会形成教学难点。如上所述，学习历史知识内容是在已有知识基础上进行的，但学生在由已知向新知转化的认知过程中，未能做到合理性迁移，未能将相关的知识原理或概念运用于新的学习之中，由此产生教学难点。

第四，教材内容中综合性较强、时空跨度较大的历史问题，或理论抽象的概念性问题，非知识认知所能解决，也会形成教学中的难点。比如，《鸦片战争》一课从属于"近代列强侵略与中国人民的抗争"单元，其教材内容主要是从近代中国所面临的西方列强殖民入侵所带来的"外患"，以及由此引发的中国人民对其所做的"抗争"这一维度进行叙述的，而对西方列强入侵中国所带来的客观上的"被近代化"缺乏描述与呈现。由此，学生对近代西方殖民主义侵略的双重性缺乏理性认知，教学中容易形成情感冲突，甚至产生大的认知或情感难点。

第五，教师教学风格、专业能力与学生认知特点不匹配，或教师教学方式失当，也容易产生教学难点。比如，有些教师善于叙述却短于剖析，有些教师对学生所要学习的内容缺乏深入理解，转化于教学之中，都会对学生造成教学难点。

（三）突破历史教学难点的策略

教学难点的解决可以选择多种突破点，但从学生认知维度看，主要可选用以下策略：

1. 适时补充必要的知识点

知识衔接通常指新旧知识之间的联系。在历史课堂中，新知识呈现之时，倘若学生已学过的"旧知识"不能与其发生意义交汇、思想联结，即出现了所谓知识衔接之"难"。从有意义学习角度看，知识是一种依托于认知（求知）心理过程的有意义产品。这种产品关乎逻辑的（文化的）意义观念和相关背景（"锚桩"）观念之间的互动。也就是说，知识是依据认知而形成的与"逻辑的"意义观念、相关背景观念的互动。新旧知识之所以发生断裂，是由于缺乏必要的"逻辑的"意义观念或相关背景观念。在这里，具体体现为缺乏必要的学科知识点的联结。

比如，讲到北宋政治，重文轻武是其重要特点。学习"北宋加强中央集权""北宋政治积贫积弱"以及"北宋冗官、冗费现象严重"等内容，都会涉及北宋重文轻武这一特点。北宋之前，历代统治者都极为重视武臣，以军功起家的武臣、大将军甚至权倾朝野，把持朝政。但至北宋，统治者为何排斥武将转而重视文官？对此现象，课程标准教材之中都没有相应的内容说明与背景解释，与此相关的知识产生断裂，学生难以理解。针对此种情况，为突破知识衔接之"难"，教学中可适时补充唐末五代以来的藩镇割据、武将称雄的政治现象，以此让学生认识到：通过兵变上台的北宋统治者对拥兵自重的武将十分忌惮，为限制武将的权力与行为，北宋采取各种手段削弱武将的影响，刻意提高文臣的地位。由此，北宋统治者"杯酒释兵权"，并开始选用大量文臣，掌握中央和地方的行政机构，崇文抑武现象也由此产生。

适时补充必要的知识点，并非以掌握大量知识为目的，而是要对接新旧知识的联结点，以接近学生的"最近发展区"。赫德伽阿德认为，"最近发展区"是理解的知识（由教学提供的）和积极的知识（个体自己拥有的）之间的差距。补充必要知识点恰恰是要改善学生拥有的"积极的知识"的结构，以此缩小学生"最近发展区"与所要学习知识之间的差距。两者之间的差距愈小，愈便于连接，知识衔接之"难"也愈便于突破。

2.巧妙设置认知冲突

如果说以上知识主要强调了新旧知识之间的联系，那么知识理解则涉及知识对象的本质和意义。历史知识所涉及的一般是过去的事情，限于时空距离，其知识对象常常"今非昔比"，过去的事情很难凭借今天的经验加以认知，知识理解之"难"在所难免。

突破知识理解之"难"，可巧妙设置认知冲突。认知冲突是指学生原有的认知结构与所学新知识之间的矛盾。学生在学习新知识之前，头脑中已具有了形形色色原有的认知结构。当他们学习新知识时，总是试图以这种原有的认知结构来同化对新知识的理解。当遇到不能解释的新现象时，就会产生认知冲突。认知冲突是连接学生固有经验与新知识的通道，是理解知识的重要认知途径。尤其当学生理解新概念时，认知冲突会使学生的已有经验受到挑战，会使学生更加倾向于改变旧概念。引起学生认知冲突的条件需具备以下特征：一是已有经验似乎不能解释新问题，学生对已有（或错误）概念不满；二是新概念对学生而言必须是可理解的；三是新概念一开始就必须看似更有道理；四是新概念应该更有效果、更有解释力，更能有效地解决未来的问题。

比如，讲到《英国君主立宪制》一课，学生需要理解何为君主立宪。众所周知，英国虽已不复当年"日不落帝国"的风光，但依旧充当着世界政治中的重要角色，同时又因其悠久且颇具影响的皇室传统，学生对"英国女王""首相""议会"这些词汇并不陌生。学生基于对中国古代君主权力的理解，一般会认为英国女王权力至高无上，进而容易对英国政治制度产生误解。为使学生真正理解英国君主立宪制的内涵，可巧妙设置认知冲突，补充"女王加薪难"之例：2010 年 7 月，英国女王伊丽莎白二世向议会要求加薪，理由是物价上涨和王室财政赤字，这是 20 多年来女王第一次提出这样的要求，却被议会否决。直到 2012 年 6 月，在女王登基 60 周年的庆典上，议会才正式同意将女王薪水增加两成。女王加薪为何还需经过议会批准？堂堂英国女王为何还要受英国议会约束？学生原有的关于女王权力的一般性认知已不能解释这一现象，认知冲突已然形成。此时，教师可适当补充与君主立宪制相关的知识，让学生认识英国政治权力分配的特点，知道英国女王享受尊荣之时也受各种约束，女王只是国家的象征，国家权力其实掌握在议会手中。"王在法下""法治代替人治"，以此使学生真正理解英国君主立宪制的内涵。

在历史课堂中，知识理解之"难"常因历史对象的"今非昔比"而引起，认知冲突恰恰是要学生引起对历史对象独有的个性特征的警觉，以此来区分"今昔"对象的不同，突破知识理解之"难"。

3. 多维度设置情境体验

从个体学习角度看，学习历史的过程并非"史学意义上的历史过程"，而是学生接触历史后由感知、理解、体验至升华的多维心理建构过程。历史学习体现着学生个体思维与历史文本的过程性互动，其神入历史、感悟历史是这一互动过程的最高境界。不过，由于历史对象的内容复杂、学生经验和认识能力与对象内容的差距，也会出现过程感悟之"难"。

突破过程感悟之"难"，可多维度设置情境体验。体验的基础或起始点是深度感知，感知的优势被表述为直接经验的前提性、真知性以及与间接经验的互补性。它对学习的意义是，如果未来通过记忆复现时，会体现出情节记忆与情绪记忆的效果，会产生真实、自然的场景回忆，有助于与知识产生联系。就此而言，情境体验能够超越知识手段的局限，能将个体当下的感知、直接经验与真知性的间接经验交融起来。从学习角度来说，情境体验能透彻地理解知识的内涵和意义，拓宽知识理解的广度和深度，而不是囫囵吞枣，浅尝辄止。当然，需要强调的是，情境体验远不止于感性体验，它更需要理性的发掘与深入，即通过纵向联系与横向挖掘，凭借分析、归纳、比较、推理、概括等思维活动，超越所感知的历史内容，直达历史对象的深处，力求获得更深入理解。

比如，《秦始皇陵兵马俑》一课，教材呈现了秦始皇陵修建的背景、概况、陵园布局、结构，以及陵园内已挖掘的三个兵马俑坑的军阵部署和兵马俑作为陶俑的雕塑技术、绘制材料、艺术等内容。尽管教材涉及的知识信息广，内容也较为详尽，但由于秦始皇陵兵马俑逾时已不止千年，时空跨越大，学生理解起来较为困难。如何让学生有效地认知这一历史奇迹与感悟其文化内涵、价值与魅力？为此，可设置多维情境体验：①视觉与听觉体验。展示地图中的秦始皇陵兵马俑、影像中的秦始皇陵兵马俑，通过视觉听觉，体验与感受秦兵马俑的直观形象。②模拟与比较体验。计算机模拟秦始皇陵一号、二号、三号军坑，比较不同军阵特点，体验秦军阵的雄壮。③模拟与想象体验。计算机模拟考古发掘的秦始皇陵兵马俑以及其他兵器，模拟长平之战。联系秦军作战的文献资料，想象、体验秦人攘除匈奴、扫六合的威武气势。

通过以上多维情境体验，可使文字描述的秦始皇陵兵马俑直观化、形象化，更加生动与逼真。从心理角度上，通过"视""听想""模拟"等途径，使学生立体地感受秦始皇陵兵马俑，在视觉、听觉、触觉等的交融中形成通感，从多角度聆听、感受秦始皇陵兵马俑，在"默念"与"存想"中体验秦始皇陵兵马俑的特点和内涵，领悟其所指向、联系着的更深远的文化思想和精神力量。

设置情境体验不是要追求形式上的热闹和新颖，也并不是止于表面上的直观体验。情境体验的关键在于让学生获得体验的历程，于体验之中多角度地去思考、感悟。鉴于历史对象内容的复杂性以及学生经验的有限性，多维度情境体验有助于学生认识历史对象的各个侧面，弥补学生经验与历史对象之间的差距，也便于更深入地感知、透彻地理解历史对象，突破过程感悟之"难"。

4.适当设置价值观冲突

与知识理解相比较,情感体验属于较高层级的学习领域。不同类型学习的设计,其遵循的设计原理各有不同。学者桑新民认为:"概念和原理的学习属于知识的建构——必须巧妙地设置认知冲突;技能的建构是操作的学习——必须有真实性的任务驱动;情感——意志的建构;属于价值与审美观念的学习——必须设置价值观冲突并获得情感体验。"由此来说,历史课堂中若要突破情感体验之"难",可适当设置价值观冲突。

情感与价值观,同处于个体意识的最深层,个体情感体验与其所理解认同的价值观呈正相关。对学生而言,情感体验之"难"常引起正向价值观的迷失或疏离。此时,可适当设置价值观冲突,以澄明、矫正学生的价值观偏失,实现学生情感体验与其所认同的价值观的共鸣。

比如,学习"义和团运动"时,部分学生会认为,义和团打击八国联军,其"灭洋"行为是爱国的;也有部分学生反而会认为,义和团以蒙昧迷信等极端原始手段,盲目排外。其实,这两种情感都是片面的、有缺陷的。在课堂教学中,倘若不适时予以辨析,学生无疑会陷入情感体验之"难"。对此,可让学生辩论,适时设置价值观冲突,让学生从冲突之中辨析,明白冲突双方都只反映了义和团运动矛盾对立的一面。事实上,义和团运动发生于19世纪与20世纪之交,这些人正是在近代中国沦为半殖民地半封建社会的过程中长大的。因此,他们只会用陈旧的精神和物质武器做拼死抗争,以捍卫自身生存的权利。倘若学生能辩证地认识这一价值观,其情感体验之"难"自会如冰释然。

设置价值观冲突的目的在于让学生辨清并认同正向价值观,奠定学生情感体验的理性之基。价值观认同是学生价值观推理和判断转化为价值观行动的关键环节,是促进学生升华积极情感、突破学生情感体验之"难"的动力之源。

以上,针对不同层次与类型的教学难点,探讨了教学难点的应对策略。教学难点产生于不同的内容背景与条件,其认知性质与解决路径各有差异。恰当区分教学难点的差异,遵循学生认知特点,是突破教学难点的必要选择。

第三节 历史教学流程与环节的设计改革

一、历史教学流程与环节的概念

教学流程与环节是教学活动进程中较为稳定的结构形式，它通常内在地接受特定的教育理念、教学理论或学习理论作指导，又与教学逻辑组织阶段密切相关。教学理论界基于不同的理论观念，对此有着不同看法，代表性观点如下：

赫尔巴特认为，教学必须通过明了、联想、系统、方法四个阶段，即明了——给学生明确地讲授新知识；联想——使学生将新知识与旧知识联系起来；系统——指导学生在新旧知识的基础上做出概括和总结；方法——引导学生把所学知识用于实际。

加涅认为，课堂教学过程包括引起注意、告知学习者目标、激活相关的原有知识、呈现刺激材料、提供学习指导、引发学习行为、提供反馈、评估学习行为和促进记忆与迁移。

现代教学过程的基本环节包括激发学习动机、感知教学材料、理解教学材料、巩固知识经验、运用知识经验、测评教学效果。

确定教学进度和顺序是课堂教学最重要的决策。课堂学习的尝试和广度在很大程度上取决于教学进度和顺序：确定教学进度就是决定一系列教学活动的进行速度，顺序指的是这个系列中各项应具有的关系。

课堂活动可以指师生的课堂活动，也可以指课堂活动的内容。因此，课堂活动顺序既可以从师生相互作用的形式（指他们在课堂上做什么），也可以从课堂活动的实质内容来描述。前者一般称为"教学方法"或"方式"，后者称作"学科内容""课程"或"教学内容"。

正确的教学过程的逻辑的实质就在于：教材和教师布置的学习任务不要作为某种外来的、凝固不变的东西，而是作为在运动中的东西呈现在学生面前。在这一运动过程中，单个事实、具体的表象要跟概括、概念和一般学说联系在一起，而后者（概括、概念和一般学说）又要跟实际运用的技能和技巧相统一。教学过程的逻辑跟学科的逻辑有着密不可分的联系，但是并不等同于后者。教学过程的逻辑具有更大的能动性、曲折性和矛盾性。它并不是学科的逻辑、学科的大纲和内容、教科书内容的简单投射。教学过程的逻辑是学科的逻辑与学生掌握教材的心理活动的"合金"。

所谓教学逻辑，是指教师基于对学科教学与学生发展关系认知的基础上形成的关于教学内容与教学活动序列安排的构想。

可以看出，教学理论界讨论教学流程与环节的视角较为宽泛，教学流程与环节可被视为教学逻辑、教学活动顺序、教学基本环节、教学内容进程、学科逻辑与学生心理活动的"合金"等。具体到学科领域，历史教学界更多地谈论历史教学过程的基本结构，典型观点如下：

从历史知识的特点看，宜于采用传统的传授和学习书本知识的教学模式。一般地说，这种模式的结构是：感知史实材料；理解史实材料，认识其本质；巩固历史知识；运用历史知识；检查掌握的程度。

历史教学过程的基本结构包括：激发动机、感知历史、理解历史、运用知识、巩固知识、评估反馈。

应该承认，传统历史教学界对教学结构的提法较为表面，理论视野也较为狭窄，对教学流程与环节的实质性探讨基本上没有涉及。事实上，在讨论教学流程与环节中，要有论证地解决下列问题：怎样向学生提出认识任务，才能使他们领会该认识任务；应当给学生提供哪些实际材料，按照怎样的纲目以及多大的分量来提供；应当向学生提哪些问题，布置哪些观察题和思考题以及建议学生做哪些独立作业；怎样才能使教学过程在掌握知识方面和在学生发展方面都取得最优的效果。

概括地说，教学逻辑是历史教学过程的内容顺序与阶段环节，它决定着历史教学过程的推进与发展方向。历史教学流程与环节的内在关键是教学逻辑，教学逻辑反映着教学过程中的内容组织、环节、步骤间的关系建构，其内含的"转承""过渡"等逻辑关系是否合理、理性，是课堂教学评鉴的重要维度。历史教学逻辑系指在课堂教学中各环节、步骤的逻辑关系，它具体蕴含于历史课堂教学的内容流程中。

二、历史教学流程与环节的主要类型

历史教学流程与环节受一定教育理念、教育理论或学习理论的指导。在不同的教育思想、教育理论指导下，历史教学流程与环节会呈现不同类型。

（一）"传递—接受"类型

此种类型是我国学者在苏联教育学家凯洛夫教学思想的基础上，结合我国一些传统教育思想和教学实践经验而确立的。此类教学流程与环节模式的理论基础是辩证唯物主义的认识论和有关的心理学、教育学基础理论，主要是行为主义心理学理论。他认为，历史知识的内涵包括具体的历史知识，即史实知识，如时间、地点、人物和事件；规律性的历史知识，如历史概念、历史线索和历史规律等。具体的历史知识是客观的，规律性的历史知识是以具体的历史知识为基础并在马克思主义唯物史观的正确指导下得出来的，也是科学的。历史知识具有客观、真实、静态不变的科学一元性特征，历史教学也就成为教师系统讲授和学生准确掌握外在的科学历史知识的过程。此种类型的教学活动程序一般分为五个阶段。

第一，组织教学。在上课开始阶段，要求学生做好学习准备，包括学习用品、良好的学习心态等。

第二，检查复习。一般采用问答的形式，对新旧知识进行联系，导入新课。

第三，讲授新教材。这是历史教学中最主要的组成部分，教师按照教材内容进行新知识的讲授。

第四，巩固新教材。可以是教师对所学习的内容的总结与回顾，也可以是教师对学生进行提问或让学生进行练习，达到巩固新知识的效果。

第五，布置作业。教师布置一定的作业，学生复习、巩固所学历史知识或预习将要学习的新知识的一种手段。

（二）"自学—指导"类型

此种类型的教学过程以学生自学为主，学生在教师指导下进行自学、讨论、交流等，实现自学和指导有效配合。此种类型的教学过程是以当代教育的"以学为主，教育教学要注重培养，发挥学生的主体地位，使学生学会学习"等理论为指导，实现师生互动的教学。在历史课堂中，此种类型的教学活动程序一般分为以下阶段：

第一，教师出示课题和自学提示等，对学生自学作总的指导。

第二，学生自学教材。学生带着教师提供或布置的问题阅读历史教材，通过阅读了解课文的主要内容并尝试解答问题。教师对学生进行个别指导。

第三，学生讨论、交流、解决疑难问题，教师对学生的讨论进行启发引导，并针对普遍存在的问题进行精讲。

第四，教师结合本课的教学目标，让学生运用所学知识完成各种练习并进行评价、小结，使所学知识系统化。

（三）教学常规环节类型

此类教学流程以常规性的教学环节组织教学进程，从表层的教学环节中看不出其教学指导思想或教育理念。此种类型的教学活动程序一般分为以下阶段。

第一，导入新课。采用多种方式引起学生的学习欲望。

第二，学习新课。这是中心任务和主要环节。

第三，巩固新课。可以通过教师概括、学生提问等方式，巩固学习内容。

第四，课堂小结。对本课教学内容进行总结。

（四）教学逻辑类型

此类教学流程主要以课堂教学的内容逻辑为依据，以此来组织教学活动进程。教学逻辑类型的教学流程以教学内容的逻辑转换、衔接为依托，同时兼顾对教学内容的处理方式，能较深入地体现设计者基于教学立意对教学内容内在逻辑的理解与把握。此类型的教学活动程序除了课堂导入、小结两个环节外，主要强化对教学逻辑的呈现与把握。

需要说明的是，重视教学逻辑类型的教学流程与环节体现了教师基于本课教学立意对教学内容的深刻理解，这通常是历史优质课大赛中绝大多数教师采取的类型。

三、历史教学逻辑的构建策略

历史教学逻辑与学科结构、学生认知特点以及教材内容密切相关。学科结构是由诸多科学事实、概念原理、定律等按照一定的联系和方法构成的逻辑体系。学科结构是教师进行教学设计或教学实施的"可能起点"，而"学生发展状态"是教学设计或教学实施的"现实起点"。学生的实际发展水平可能超前或落后于学科结构中相应知识点的要求，教师要根据"学生发展状态"决定教学的知识起点层次和相应的教学活动序列，促进学科结构向学生认知结构的转变。同时，教材内容逻辑的类别等，也影响着一节课的教学逻辑框架。具体而言，确立教学逻辑的依据与策略主要集中在以下方面：

（一）基于教材的知识逻辑构建教学逻辑

能否超越教材的知识逻辑，是评判优质课"教学逻辑"的首要维度。课堂教学是以教师、教材和学生三者为主的动态互动，其内容主要来源于教材。教材以科学体系为基础，其学习内容本身具有逻辑顺序性。由此，依据教材呈现的教学内容本身就体现了教材的知识逻辑。不过，限于教材体例、篇幅等因素的制约，教材所呈现的知识逻辑是静态的，且不完满，并不适应教学过程的动态需求。这就为教学逻辑改造、调整教学内容提供了可能。

当然，教学逻辑对教学内容的"改造"，并非要完全脱离教材，教材是教学内容的根基。教材的知识逻辑回答"教什么"的问题，它是教学内容中最实质的要素。好的教学逻辑需以教材的知识逻辑为蓝本，对其进行合理性删减、补充、合并甚至变更，以此实现对教材知识逻辑的超越。

《鸦片战争》一课，教材所呈现的主要内容依次为：①虎门销烟（中国对外贸易长期出超，引起鸦片走私；鸦片走私的严重危害；清政府内部关于禁烟的争论；林则徐虎门销烟）。②《南京条约》以及战后的中国（鸦片战争爆发；清军爱国官兵英勇抵抗，但最终失败；《南京条约》的内容及影响）。③第二次鸦片战争（英法挑起第二次鸦片战争；晚清战败，被迫签订条约；《天津条约》《北京条约》的内容与影响）。在这里，隐含其中的知识逻辑：虎门销烟直接导致了鸦片战争；鸦片战争战败，晚清政府被迫签订《南京条约》；《南京条约》并没有引起晚清统治者的"觉醒"，列强继续侵略，挑起第二次鸦片战争；第二次鸦片战争战败，晚清政府被迫签订《北京条约》与《天津条约》。不难看出，受课程标准、教材编制等因素的制约，以上教材所内含的"知识逻辑"较为简单以至过于"片面"，仅重点强调了鸦片战争的直接原因，突出了鸦片战争之中清军爱国官兵的抵抗及鸦片战争的负面作用及影响。

（二）基于学生的认知逻辑构建教学逻辑

能否顺应学生的认知逻辑，是评判优质课"教学逻辑"的第二个维度。课堂教学以学生为主体，教学成效也最终指向学生，这就决定了教学逻辑虽以调整教材知识逻辑为起点，但其进一步的推进还要以顺应学生的认知逻辑为旨归。

学生的认知逻辑回答"如何学"的问题，它是衡量课堂教学生是否"能学会学"的关键要素。不过，具体的学生的认知逻辑呈现出个体差异，教材的知识逻辑又以理性、静态为表征，这就需要教学逻辑平衡两者之间的差异，着眼于教学内容的认知化。围绕教学主题设计现实的、情景性的教学流程，引导学生在情景中思考，尽可能弥合学生的个性化理解与人类规范化的知识之间的差异，这是教学逻辑顺应学生认知逻辑的核心。

（三）基于历史的认识逻辑构建教学逻辑

能否建构历史的理论逻辑，是评判优质课"教学逻辑"的第三个维度。就评判的性质而言，如果说，超越教材的知识逻辑是基本"起点"，顺应学生的认知逻辑是必要"过程"，那么建构历史的理论逻辑则是最终"归宿"。建构历史的理论逻辑之旨向，在于培养学生有关历史的理性思维与人文素养。历史不是史料的堆积，即便史料是原始、真实的，也需通过理性、逻辑的方式加以再现。通过逻辑的方式再现历史是整体把握历史真实性的唯一方式，也就是逻辑与历史相一致，这是培养学生进行理性思维的最高境界。

四、历史教学流程与环节及其他构成

（一）导课环节

1.导课的基本要求

（1）目的明确，针对性强

导课应该针对的教学实际有两个方面：其一是指要针对教学内容而设计，使之建立在充分考虑了与所要学习的教材内容的有机联系的基础上，而不能游离于教学内容之外；其二是指要针对学生的心理年龄特征、已有知识和生活经验。比如，通常采用的释题导课法。

（2）简洁明了，恰到好处

由于一堂课的教学时间有限，导课又不是教学的重点，所以不宜在课的开头花费太多的时间。冗长、啰唆、不得要领的开头，不但没有美感，而且不能取得良好的教学效果。艺术性的导课必须争取在较短的时间内，用最精练的语言达成事先要达到的目标。

（3）新颖有趣，能吸引人

根据心理学的研究，新异刺激可以有效地强化学生的感知，吸引学生的注意。因此，具有新颖性的导课能够引起学生兴趣。

2. 导课的形式与方法

（1）问题导课

制造悬念，就是在学生心理上造成强烈的期盼，使学生产生急于求知的迫切心情。悬念、疑问是思维的"启发剂"，它能使学生的求知欲由潜伏状态转入活跃状态，有力地调动学生思维的积极性和主动性，是开启学生思维的钥匙。有经验的教师都很注意设疑导课的启发功能，在导课时精心设计疑问，引发学生的思考。如学习西汉历史时，可以提问：知不知道苏武牧羊、张骞出使西域、驰名中外的丝绸之路？利用疑问、悬念将学生引导到要学的内容上来。

（2）故事导课

采用寓意深刻、幽默轻松或精彩的故事导课，是历史课堂中为学生所喜闻乐见的形式之一。上课之初先用一个与教材内容相关或相似的故事调动学生的学习兴趣。如学习春秋争霸时，讲述"围魏救赵"；学习秦末农民起义时，引用"破釜沉舟"和"四面楚歌"。当然，故事导课宜短忌长，故事本身要能说明问题，教师还需引导分析，才不会使学生注意局限于故事本身。

（3）温故导课

即利用已掌握的历史知识，导入新课。它能较好地诱导学生将新旧知识进行相互联系，洞悉历史发展的线索。在温故的基础上接受新知，是个循序渐进的认识过程，便于理解和学习。

（4）"诗歌、识图"导课

在学习文化史内容时，利用学生已学过的文学佳作（如一些优秀唐诗、宋词、元曲）作为课堂教学导语，既活跃了课堂气氛，又掌握了作品内容。此外，历史教材有许多精美图片，利用图片进行导课，既增强了直观效果，又有利于理解学习。

（5）释题导课

题目是文章的窗户，往往也是文章最精彩的概括。如"统一的多民族国家——秦"这一标题，高度概括出了秦"统一""多民族""中央集权""封建"等几个特点。导入时抓住这几个要点释题，为学习课文扫除障碍，同时开宗明义，对学习掌握课文重点、难点内容有重要作用。

（6）激情导课

在课堂教学中，有的教材内容中包含着真挚的情感，即教师导课时"披文入情"，以情真意切的语言激发学生的情感，达到以情育人的目的。如讲《戊戌变法》时，首先做提问式讲解，从甲午中日战争的时间、结果入手，痛陈战争产生的深远影响：一方面，《马关条约》的签订，割地赔款，丧权辱国；另一方面，日本侵略得逞，又使帝国主义国家蜂拥而至，掀起瓜分中国的狂潮。中华民族面临灭种亡国之灾，怎么办？民族希望何在？谁来拯救？从当时的形势导入教学内容，可以起到较好的效果。

（二）结课环节

1.结课的基本要求

（1）首尾呼应、相对完整

指课的结束应当与课的开始相呼应，不能离题太远，不着边际。

（2）留有余味，引发学生思考

也就是说，在一堂课结束时，教师应注意语言的含蓄，不能把话说得太满、太绝，适当给学生留些思考的空间，使学生感到"课尽趣尚浓"。

（3）干净利索，适可而止

要求教师恰当地把握结课时间，及时、有效地结束教学。既不能把结课时间拖得太长，也不宜匆匆忙忙、随随便便地结束。

2.结课的形式与方法

第一，自然式结课。这种结课是在下课铃响时自然结束课程。

第二，总结式结课。即用准确简练的语言提纲挈领地把整个课的主要内容加以总结、概括、归纳，给学生以系统、完整的印象，促使学生加深对所学知识的理解和记忆，培养其综合概括能力。总结归纳的方式，可视具体情况灵活变化。可以用简明扼要的语言，复述讲解要点，强调应掌握的主要知识和概念等。这是一种比较常用的结课方式。

第三，拓展式结课。把学习过的知识向其他相关方面延伸，以拓宽学习的知识面，形成知识网络。

第四，对比式结课。将学习的知识与相关知识结合起来，进行分析比较，找出其异同点，以使学生更深刻地理解知识。

第五，练习评估式结课。以课堂提问或练习方式对学习过的内容进行检测评价，以巩固所学知识。

第六，承前启后式结课。把导课时的悬念、学习中的疑问在结课时予以强调，谓之承前；选择与下节课相关的知识作为下节课的铺垫和伏笔，谓之启后。

（三）板书设计

1. 板书的基本要求

运用板书的关键在于教师要依据具体的目标、内容、学生特点、课堂情境，以及自身的素质特点，做出灵活、合理的策略选择。

板书内容在黑板上的安排方式和位置不同，板书所获得的效果也不同。所有的板书均安排在边框以内。对主要板书，教师可依照板书内容多少和黑板长度做适当分栏处理。每栏的宽度以不超过教师站立不动板书时较轻松地达到的宽度为宜。

板书设计要做到：一是条理清晰；二是书写工整；三是突出重点难点；四是保留和擦除部分分明；五是形象地揭示内容的各种联系。

2. 板书设计的主要形式

从重要性和详略的角度看，板书有两种表现形式：主要板书和辅助板书。主要板书完整地反映教师当前的讲述内容和思路，包括内容框架、重要概念、基本要点、主要结论和重点词汇等。辅助板书反映的是与当前学习有关但相对次要的内容，它对主要板书起辅助、说明的作用。

从板书的形象程度看，板书的表现形式主要有以下几种：①要点式板书。根据授课内容，在黑板上只列出标题、要点和层次。要点式板书能清晰地反映出授课内容的逻辑思路和层次，便于学生把握主要观点。但其高度概括的特点，只适合于高年级。要点式板书在很大程度上只是教材大小标题的翻版，表现形式较为单一，长期使用会失去对学生的吸引力。②表格式板书。它是将教学内容中同一类概念、事物或事件的不同侧面分项目整理、归纳，并以表格的形式表现出来。运用这类板书，一般要求教学中的概念、事物或事件及其可分析的侧面均在两类以上。表格式板书便于将不同侧面对照比较，能直观地看出它们的异同点和各自的特征，能给学生留下深刻的印象。③线条式板书。它是根据史实的发展过程、情节起伏或逻辑思路，选择关键性的词语，以线条、箭头等连接起来构成的一幅流程图。线条式板书能把隐含于教学内容之中的线索，清晰直观地展现出来。④图解式板书。它是以示意图的形式帮助学生认识某一事物的结构、空间位置和演变，或者人为地为某一内容配上具有象征意义的图案，帮助学生理解、记忆教学内容。⑤结构式板书。把重大历史事件加以分解、归纳，形成一个完整概念。其优点是条理清晰、概念完整、言简意赅。⑥方位式板书。按东、南、西、北、东北、西北、东南、西南 8 个主要方位，结合课堂教学的需要把历史事件的空间位置或重要地名按不同的方位填入。其优点是形象直观、紧扣教材、方法简单。

第四节 历史教学环境的设计改革

一、历史课堂教学环境设计

课堂环境对学生的行为态度和成绩可以产生强有力的影响。课堂环境不仅影响教学的进行，而且直接影响教学效果。所以，为了进行有效教学，历史教师应该掌握和运用创设课堂环境的策略，精心设计适合每位学生的课堂环境。

（一）营造民主、平等的人际环境

在新课程理念指导下，教师应该在课堂授课过程中，放下"师道尊严"的心态，以一种平等和善、和蔼可亲的教态与学生平等相处，这样才能形成学生主体积极参与的人际关系氛围。每个学生都能主动参与到课堂中来，可以允许学生发表与教师、教材不同的意见和看法，学生可以无拘无束，畅所欲言，充分表达自己的想法，这样才能打开学生的思维。

（二）创建互动、合作的学习环境

课堂不是教师表演的舞台，而是师生交往互动的场所。合作的课堂是基于历史课堂生成的教学情境，围绕学生疑难处开展师生合作、师生互动，共同努力来完成学习任务。通过师生之间的交流和沟通，从而实现对学生情感态度、价值观的培养，这种互动、合作的交流，是教师和学生之间实现良好的师生关系的必然选择，同时也是一个教学相长的过程。

二、历史课堂教学方法的选择与设计

历史教学方法的选择与设计，实质上是根据不同的教学目标、教学内容、学生现状、课的类型以及教师的素质等，对已有教学方法进行优化组合或发展创新，从而找到最适当、最有效的教学方法进行教学的过程。传统的历史教学方法中，讲述法、图示法、谈话法和讨论法用得较为广泛。近年来，多媒体辅助教学法、模拟体验法、情景教学法和探究教学法等新出现的方法也开始逐渐推广使用。

由于历史知识的过去性和时序性，决定了学生所获得的历史知识是应该具有时序性的。新课程标准打破了以往历史教材以年代为顺序、以朝代为基准的模式，构建了主题式的课程体系，但学生掌握的历史知识有限，头脑中缺乏历史发展的系统性，这就要求教师讲课时采用最适合师生教与学的方法。各种方法都有其优劣，如讲授法具有以教师系统讲授为主、以学生学习书本知识为主、重知识逻辑顺序等特点，正好弥补了新教材编排上不注重系统性给学生学习带来的困难。但缺点是教师的讲授过于单调，学生无法直观、主动进入历史情境中去。在新课程背景下，讲授法之所以屡遭批判，其主要原因不是方法本身问题，而是许多教师对这一方法掌握不力、运用不当之故。尽管现在提倡自主学习、合作学习、探究学习，但讲授法依然是历史课堂教学的重要方法之一。制约教学方法选择的主要因素包括教学目标、教师个性和素质、教学内容、课型等。选择一种教学方法要因人而异、因教材而异、因课型而异。

三、历史课堂教学媒体设计

教学媒体是在教学过程中为学习知识和培养能力而采用的用于储存和传递教学信息的工具。教学媒体的设计，是历史课堂教学策略设计中的重要组成部分。

（一）历史课堂使用教学媒体的作用

历史课堂教学使用的教学媒体主要有实物、挂图、幻灯和多媒体等。它们在历史教学过程中发挥着不同的作用。其中，多媒体教学弥补了传统教学模式的不足，以图文并茂、声像俱佳、动静皆宜的表现形式，将抽象难懂的内容变得生动有趣，可使学生在短时间内建立感性认识，易于突破教学中的重点和难点，能最大限度地刺激学生的求知欲，激发学生学习的积极性，在帮助学生理解掌握知识方面起到了很大的作用。不过，历史教师一定要明白，多媒体只是辅助教学，仅仅是一种手段，真正的目的是要让学生会学、乐学。

（二）教学媒体的选择与运用应注意的方面

多种媒体优化组合使用比只用一种媒体的教学效果要好，同一种教学媒体在表现手法上也不一定相同，每一个教师在媒体的使用上，不能单纯模仿，要有所创新。并非所有课程内容的教学都要使用多媒体教学手段，多媒体技术只是一种辅助教学手段。现代教学媒体的应用应该体现一种新的教学思想和新的教育观念，如果运用不当，则会影响师生间的交流与沟通，还会出现"机灌"代替"人灌"的现象。

第四章 历史教学模式

第一节 民主开放教学模式

一、构建民主开放的课堂

新课程改革中把学生的素质教育放在关键地位，而构建民主开放课堂就是以素质教育为目标的一个重大改革，民主开放课堂区别于以往威严刻板的课堂模式，它注重学生与老师的平等与交流，营造和谐快乐的课堂氛围，从而提高学生的课堂学习效率与老师的课堂教学效率。

（一）构建民主开放课堂的意义

1.释放学生的天性

本阶段的学生心理处在半成熟状态，他们对事物充满好奇心。传统的课堂模式呆板僵化，单纯地以教师的威严迫使学生接受知识，将学生的天性扼杀在摇篮里。而民主开放的课堂模式则不同，民主开放的课堂上，教师与学生的地位是平等的，学生可以在课堂上将自己所思所想充分表达出来，在课堂上与老师交流互动，将学生的天性充分释放出来。

2.体现"以人为本"，增进师生的情感交流

民主开放的课堂模式体现了新课程改革中"以人为本"的理念，而不再是以应试教育为中心，不是为了考试而教学，而是一切从学生出发，更加人性化。民主开放的课堂是双向式的、开放式的课堂，教师与学生的互动更加频繁，学生在课堂上敢想敢讲，增进了师生之间的情感交流。

3.激发学生的学习兴趣和热情

兴趣是最好的老师。民主开放的课堂模式能够营造轻松愉悦的课堂气氛。教师给予学生充分的发挥和表达空间，融入学生，和学生一起思考、一

起探讨以及一起学习，教师与学生能够和谐愉快地相处，让学生不再讨厌课堂，而是喜欢课堂、享受课堂。

（二）构建民主开放课堂的理论依据

1.学生发现、吸收信息的途径不同

美国纽约圣约翰大学的肯·邓恩教授和丽塔·邓恩教授在调查中发现：仅有 30% 的学生记得其在标准的课堂时间所听到的信息的 75%，我们称这部分人为听觉学习者；40% 的人记得他们读到或看到的信息的 3/4，这些人是视觉学习者；15% 的人通过触觉学习得最好，他们需要触摸物质、写、画以及参与具体的体验，他们是典型的触觉学习者；另外 15% 的人是动觉学习者，通过身体来做能使他们学习得最好。

听觉和视觉的学习者往往能适应传统的课堂教学，而动觉和触觉的学习者是在传统学校课堂里失败的主要人选。他们需要运动、需要感觉、需要触摸、需要做，而如果教学方法不允许他们这样做，他们就会感到被排挤、被遗忘以及感到乏味无趣，甚至会辍学。这就需要教师在课堂教学中不断探索，采用多种方式调动学生学习的主动性、积极性。

2.情感的需要

"不激发学生的学习热情而想要硬塞的教师，不过是在捶打冰冷的铁。"美国学者贺拉斯曼的这句名言鞭挞了灌输式教学模式，也向我们昭示：必须改进教学方法，让学生充满热情，自觉主动地投入学习。

兴趣是学生学习情感的重要方面，是学习动力的主要来源。教育家苏霍姆林斯基指出："当学生体验到一种亲自参与掌握知识过程的情感，乃是唤起青少年特有的对知识的兴趣的重要条件。"心理学家盖茨也认为："没有比成功更能增加满足的感觉，也没有比成功更能鼓起进一步成功的努力。"正是由于上述原因，教师在教学中要善于指导、评价学生的学习行为，给学生更多的参与机会，使其体验到成功的喜悦，激发和保护他们的学习兴趣。

二、民主开放教学模式在历史课堂中的实施

（一）实施的准备——判断学习类型

要想使课堂教学效果突出，必须首先判断出学生的学习类型。通常采用以下两种方法：

1. 通过眼睛的活动判断学习类型

一个一动不动地坐着，眼睛笔直朝前看的学生，或者一个得到信息时眼睛朝上看的学生，通常是一个视觉学习者；一个当得到信息时，眼睛从一边看到另一边的学生，或者朝下看他自己"弱面"的学生，可能是一个听觉学习者，他通常以有节奏的声音讲话；一个运动较多、当得到和储存信息时向右向下看的右撇子学生，同时他又是一个讲话很慢的人，那么他很可能是一个动觉学习者。

2. 通过测试来判断学习

用一段优美的诗句或散文等来测试学生的学习类型。如果一个学生通过听老师读这些内容就很容易记住，那他通常是一个听觉学习者；而一个学生通过看这些内容就很容易记住，那他通常是一个视觉学习者；而一个学生必须边说边做、边写甚至左右摇晃才能记住，那他可能是一个触觉或动觉的学习者。通常一个有 50 个学生的班级，有 10 ~ 15 个动觉或触觉学习者，其余大多是视觉、听觉学习者。

当我们测试完学生的学习类型以后，在课堂教学中就要注意，在每个学习环节中都要兼顾各种学习类型的学生，以求达到最佳学习效果。

（二）实施程序

1. 前提诊测（2 ~ 4分钟）

"前提"是指与本课新知识有关的预备性、基础性、相关性的知识和技能；"诊测"是唤起与强化对前提知识与技能的注意，并发现遗忘与缺陷，予以及时补救。但其目标不在于考查旧知识，而是要紧紧围绕那些与新授教学目标有关的知识技能，使学生对前提知识有一个正确、完善、系统地认识。

前提诊测往往与导入新课密切结合，可采用多种方法，如在讲《英国资产阶级革命》一课时，教师可请学生回答开辟新航路的航海家有几位？他们从哪里出发、最终到达哪里？通常可找那些视听觉型的学生来回答这些问题，然后让那些触、动觉型的学生到地图前分别指出航线，且要及时地表扬他们。对回答错误的地方，引导他们自己改正。最后启发学生自然而然地思考新航路开辟的历史意义之一：新航路的开辟使欧洲的主要商道和贸易中心由地中海区域移到西欧大西洋沿岸。英国利用它处于大西洋航路中心地位的优势，积极开展对外贸易，进行殖民掠夺，英国的资本主义生产迅速发展，因此促使资产阶级要当权，要发展资本主义。

这样导入新课，能使学生在学习新知识时有一个最佳的心理状态。

2. 展示目标（1～2分钟）

教师把本课的教学目标明白无误地展示给学生，进而把教学目标转化为学生的学习目标，从而调动学生学习的积极性、主动性。展示目标的手段要注意灵活多变，不要长期使用一种手段。展示目标的手段常用小黑板、纸条、表格、图片、幻灯等。

3. 实施目标——开放、民主式教学（25～30分钟）

在课堂教学中，为了兼顾各种学习类型的学生，可以这样进行教学。

（1）语言形象，激发兴趣

在历史教学中对任何一种学习类型的学生，教师首先要做到的就是语言形象、生动、富有趣味性。根据内容的需要，教师在教学中可"引古论今"，增强艺术感。

（2）借助图示，加强空间感

在讲起义或战争一类的教材时，教师应尽可能地运用战争形势图，因为战争是离不开地理位置的。如果抛开地图，单靠讲解，纵使口才再好，讲得再生动，仍达不到理想的教学效果。教师可使用自绘的地图，地图的绘制内容力求灵活机动、形象自然。例如，在讲秦灭六国时，可事先在黑板上画好战国七雄并立图，用手随时画出箭头，指向被灭国，同时让学生随着教师的讲述在自己的教材中画上箭头。最后，把一张写有"秦"字的大卡片贴在图的中央。此时，图中显示出秦已统一了六国，辽阔的中原大地已成了秦的天下。学生随着听教师的讲解去观察地图，去积极地思考，从而在头脑中形成较为深刻的、全面的历史表象。

（3）引导学生动手，培养学生的创新精神

如在讲解翻车、筒车内容时，可鼓励学生自己去做，在制作过程中，学生们学会了使用轴、传动链等机械零件。尤其是那些动觉学习者，自己做的虽然不是太好或者做不出来，但他们仍有"突然开窍"的感觉，他们感觉到历史知识与物理等其他知识是紧密相连的，历史学科并不只是"背"的学科。这样既提高了学生的学习兴趣，又激发了发明创造的火花。又如，在讲《中国历史》中"统一文字、货币、度量衡"这一内容时，教师可事先准备几枚"大钱"，在讲到秦统一货币时把它拿出来，让同学们传看，让他们去看、去摸、去感觉，这样就加深了学生对圆形方孔钱的直观印象，使课堂气氛轻松活跃。

（4）角色扮演激发学生的历史思维能力

如在讲诸子百家时可采用角色扮演形式，由学生分别扮演孔子、孟子、老子、墨子、韩非子、孙武和孙膑7位历史人物，他们围绕"在社会发生根本变革的时候如何治理国家"这个问题，各抒己见，展开辩论，再现了那一时代的特定历史事实。这种方法有助于加深学生对各学派主要观点的理解。尤其对扮演者来说，获益更深。特别是那些触觉、动觉学习者，通过角色扮演能牢记原来他们根本无法记住的历史观点。

（5）提倡合作学习，自由讨论

在课堂教学中，教师要经常给学生一个自由讨论的时间。教师可巡视辅导，一方面检查督促学生自学；另一方面及时疏导学生的学习障碍，梳理和归纳学生的反馈信息，为下一环节的教学实施做准备。

4.目标检测与强化（反馈矫正10~15分钟）

这个环节是本模式的"秋收"阶段，如果方法使用得当可取得事半功倍的效果。可将各种学习类型的学生均匀分成3个学习小组，训练时以组为单位搞知识竞赛。通常分三步：①听——由教师或学生出题目，请同学们回答；②看——看事先教师准备好的小黑板或目标检测题单，让同学们抢答；③写——让学生写题单或到黑板前来写。

最后，根据学生们的合作态度，评选最佳集体，这样既增强了学生的集体荣誉感，又培养了学生正确的合作观，有利于同学间的互相帮助和共同进步。

5.课堂小结（2~3分钟）

回顾教学目标，归纳总结本节课的主要教学内容。目的是使学生的知识结构化，并总结本节课教学目标完成情况。小结时，逻辑性强的内容可由老师总结，而那些容易掌握、便于记忆的内容可引导学生自己去总结。

第二节 探究思辨教学模式

探究思辨教学模式是探究式教学模式和思辨教学模式的结合，也就是在探究中思辨，在思辨中探究。

一、探究式教学模式

探究性教学模式是指在教学过程中，要求学生在教师指导下，通过以"自主、探究、合作"为特征的学习方式，对当前教学内容中的主要知识点进行自主学习、深入探究并进行小组合作交流，从而较好地达到课程标准中关于认知目标与情感目标要求的一种教学模式。其中认知目标涉及与学科相关知识、概念、原理与能力的掌握；情感目标则涉及思想感情与道德品质的培养。

探究性教学模式通常包括以下五个教学环节：

（一）创设情境

探究式模式的教学总是围绕课程中的某个知识点而展开。与基于问题式学习不同的是，这个知识点并非选自社会生活中的现实问题，也不是由学生自由选择而产生的，而是由教师根据教学目标的要求和教学的进度来确定的。一旦确定了这个教学出发点或者说学习对象后，教师就要通过问题、任务等多种形式，使用适宜的教学手段来创设与此学习对象相关的学习情境，引导学生进入目标知识点的学习。

（二）启发思考

学习对象确定后，为了使探究式学习切实取得成效，需要在探究之前向全班学生提出若干富有启发性、能引起学生深入思考并与当前学习对象密切相关的问题，以便全班学生带着这些问题去探究。这一环节至关重要，所提出的问题是否具有启发性、是否能引起学生的深入思考，这是探究性学习是否能取得效果乃至成败的关键。这类问题要由教师提出。

（三）自主（或小组）探究

探究性教学模式因为采用"自主、探究、合作"的学习方式，所以在教学过程中特别强调学生的自主学习和自主探究，以及在此基础上实施的小组合作学习活动。一节课的教学目标主要靠学生个人的自主探究加上学习小组的合作学习活动来完成。因此，本环节成为探究性教学模式中的关键教学环节。在实施过程中要处理好教师、学生、信息技术几者之间的关系。教师起到引导、支持的作用，学生要充分发挥学习的主动性与积极性，信息技术要成为学生探究的认知工具。在不同的学科，所使用的认知工具有所差异。人文学科往往可以通过让学生上网查找资料来达到促进学生自主探究的目的，这些资料能起到认知工具的作用。

（四）协作交流

本环节是与前面的自主探究环节紧密相连的。学生只有在经过了认真的自主探究、积极思考后，才可能进入高质量的协作交流阶段。也就是说，协作交流一定要建立在自主探究的基础之上，才能为学生提供思路交流、观点碰撞、成果分享的平台。教师在此过程中要起到组织、协调、引导的作用。

（五）总结提高

教师引导学生对问题进行回答与总结，对学习成果进行分析归纳，并可联系实际，对当前知识点进行深化、迁移与提高。

二、思辨式教学模式

思辨式教学模式又称"学思辨达"教学模式，是指依据学生年龄特点和认知水平创设富有情境的核心问题或任务，灵活运用"学思结合""问题推进""启发探究"和"对话思辨"的教学方法，使提出问题、分析问题和解决问题贯穿于整个学习过程。在教师积极正确的引导组织下，激发学生的学习兴趣、好奇心和想象力，驱动学生渴望获取知识的欲望，让学生主动参与"学思辨"交替融合的过程，提高学科思维能力、自主学习能力和独立解决问题的能力，使学生学有所得，最后能明理通达，最终目的就是提升学生的人文科学涵养。

三、历史探究思辨课堂教学模式的构建

（一）探究思辨课堂的标准

1. 学生维度

思辨课堂中，学生应做到"好学—笃思—明辨"，得以"通达"。学生在学习准备、学习氛围、学习方式、学习过程、学习效果等指标上达成度高。我们应注重课堂气氛的民主平等、融洽和谐，让学生有充分的话语权；接受式学习与自主、合作、探究的学习方式相结合；学习方式合理、高效；学习态度积极、兴趣浓厚、精力集中；学习活动有序、高效，目标达成度高。

2. 教师维度

思辨课堂中，教师应做到"导学—启思—促辨"，让学生得以"通达"。教师在教学目标、教学设计、教学组织、教学评价、教学资源等指标完成效

果出色。应注意学情了解全面，教材处理得当，环节设计合理；展示效果明显，指导及时巧妙，教学调整有效；评价方式多样，有激励性；合理选择、利用资源。

（二）探究思辨课堂的构建方法

1. 解读文本

对待历史文本，我们要有一颗虔诚的心。在课堂上，要让学生深入文本，要让学生进入时代、走近人物，或远眺或近观，亦喜亦悲。一颗虔诚的心是感受历史真善美的前提。

在历史教科书中，大量历史人物的嘉言懿行、革命与改良史的波澜壮阔、战争与和平的启迪、多元文明的碰撞等都是提升青年学生人文涵养的丰富题材。我们需在课堂上树立青年学生前进的标杆，在每一次的授课中总要有那么"一点点"触及学生灵魂深处。在教学中，给每一节、每一专题定一个主题是不错的选择。

2. 激情火花

思辨课堂中尤其要关注设问，关注生成性资源。在听课过程中，我们非常容易见到老师们的填空式提问，如辛亥革命发生在哪一年？也非常容易见到老师们的公式化提问，如某一事件发生的历史背景是什么？有何影响？某一场改革的内容是什么？然后让学生去书本中找答案，老师再归纳要点。要知道，这种公式化的提问扼杀了学生的学习兴趣，更无从谈心灵的震撼。当然，这种填空式、公式化的提问为老师们所不屑。好多老师则擅长从历史材料中培养学生提取信息的能力，擅长从同一类历史事件的比较中让学生明白相同点与不同点。这些设问对于学生基本知识、基本能力的培养是有好处的，但在情感态度与价值观这一维度的实现上就略显苍白。人文涵养是深藏于学生内心深处的，只有触及心灵、引起共鸣才能奏效。一些反思式提问、情景式提问则能紧紧扣住学生的心灵。

3. 操作技巧

学生的感悟是课堂教学的终极目标之一。在课堂上，我们要尽可能培养学生感悟的最优化。感悟力和感悟意境会随着学生的个性差异以及教师掌控课堂教学能力的高低而变化。学生在人文涵养方面的感悟深浅首先取决于教师的人文涵养深浅，其次是在操作层面。所以，历史老师应该而且必须成为一个有思想的育人工作者。在操作层面，在将简单的东西复杂化、抽象的东西生活化、优化教学环境三方面做足文章。

第三节 有效合作教学模式

合作教学模式是教育研究者为了应对传统教学模式弊端，经过长期的研究及实践而提出的新型教学模式。由于它在改善课堂内的社会心理氛围、提高学生的学业成绩、促进学生形成良好的非认知品质等方面实效显著，被人们誉为近十几年来最重要和最卓有成效的教学改革。美国著名教育评论家埃利斯和福茨在其《教育改革研究》中说："合作教学如果不是当代最大的教育改革的话，那么它至少也是最大的之一。"如今合作教学在世界上被多数国家普遍采用，收到了良好的实践效果，相信未来阶段此教学模式的被认可度及普及程度会越来越高。

总体上，合作教学模式的主要理论依据有三个方面：其一，合作是人类相互作用的基本形式之一，是人类社会赖以生存和发展的重要动力，是人类生活中不可缺少的重要组成成分；其二，从心理学角度看，教学中的多向交流更能发挥教师与学生之间相互作用的潜能；其三，教育过程中，尊重学生既有的知识体系及个人见解，可以更好地促进学生获取新知识及对之做出新的认识，从而获得教育的最大效益。

一、教师主导与学生主体相结合的原则

随着时代的发展，学生接触社会的途径增多，知识面增广。在这样的背景下，教师如果依然占据着整个课堂，便会使学生有厌烦心理。很多同学表示喜欢历史但讨厌历史课，这从一个侧面反映出现今历史教学中存在的问题。合作教学要求课堂重视学生的主体地位，更好地发挥教师的主导作用。学生主体地位的体现，一定程度上缩小了教师在课堂上的空间，但并不会因此而影响教学质量。一方面学生主体地位受到尊重，学习的积极性提高，积极参与到问题的思考中；另一方面教师主导着学生思考问题的方向，使学生在一个适当的内容范围自由讨论各自的观点，并在此基础上获得新的认识。所以，合作教学的实施，要以教师主导与学生主体相结合为原则。

二、民主平等与自愿合作相结合的原则

民主是指在一定阶级范围内，按照平等和少数服从多数的原则来共同管理国家事务的制度。具体到课堂教学，就是指课堂中的教师与学生以民主的形式来进行教学活动。

平等是指人们所享有的相等待遇。具体到教学课堂，就是指课堂中的教师与学生地位相等，不存在高低之分。新课标要求"自主、合作、探究"式教学，这与合作教学的理念是一致的。要使学生"自主"，勇敢地提出自己疑惑的问题，自由地表达自己的观点，这需要一个民主平等的课堂氛围。这样的课堂氛围拉近了学生与教师的距离，使学生有了疑惑敢于提出，有了观点勇于表达。学生有了自由的空间，便会自愿地进行合作，使合作教学得以顺利实施。

三、内容恰当与情境适应相结合的原则

历史课内容多、课时少，这就要求教师在实施合作教学要以内容恰当与情境适应相结合为原则。内容恰当是指教师对实施合作教学的内容有所选取，内容简单或者没有太多启发的一般采用讲述法，而能够激发学生兴趣、探讨性强的内容则采用合作教学，这样既能保障教学任务的完成，也锻炼了学生。

情境是指在一定时间内各种情况的结合而产生的一种境况，在教学活动中则指在课堂环境下的各种情况的结合而产生的课堂氛围。情境适应是指教师在教学过程中，灵活掌握课程进程，根据学生对内容的反应灵活运用教学方式。合作教学的实施，并非必须遵从一定的模式或框架，而是教师根据具体情况针对性地实施。

第四节 情思互动教学模式

一、情思互动课堂的理念建构

（一）情思互动课堂模式的观点

1.课堂是学生自主学习的地方

学习本身就应当是一个自主的活动过程。在历史课堂中，必须让学生掌握学习的方式、方法，这样才能让他们进行有效的自主学习，并最终达到

让学生"学会学习，主动学习，终生学习"的目标。我们应当将课堂看成一个让学生进行自主学习的地方，而不是强迫学生被动学习。教师在教学中共同确立学生学习的主体地位。在教与学的关系中，学生应当占据本位，要根据学生的发展情况、需求情况制订教学计划，即做到以学定教，真正尊重学生的地位，客观、正确对待学生之间的个体差异，使所有学生都获得主体层面的发展。

2. 课堂是充满理智挑战和思维碰撞的地方

孔子说过："学而不思则罔，思而不学则殆。""学"是"思"的基础，"思"是"学"的巩固和深化。在课堂上，教师要"道而弗牵""开而弗达"，使学生能主动思考、主动学习。在此课堂教学模式中，"情"是实现"思"的基础和前提，而"思"则是学习的重要组织形式，是促进"情思互动"的有效途径。"情思互动"就是以情育情、以情引情、以情为情，引导学生从生活出发，丰富学生的情感体验；以生为本，引导学生在探究中思辨的一种教学样式。

3. 课堂是师生情感自然流淌的地方

"基础教育的模式应该是情感优先的。"课堂中教师、学生、文本之间的情感交流，是实现课堂教学的重要纽带。课堂重在有情，贵在有思，情和思是情趣课堂的两大基本特征。在这二者之中，情是非智力因素，思是智力因素，思是教学的目的之一，而情是实现目标必不可少的条件。课堂教学不仅是师生思维活动的过程，同时也是师生心理活动的过程。从心理学的层面来讲，只要调动了学生的思维与情感，就一定能够激发出他们对于学习的积极性、能动性甚至创造力。

（二）情思互动课堂模式的理念导向

1. 确立中心教学理念——"以生为本"

"以生为本"中有两个关键点：一是"以学定教"。注意观察课堂上学生学习活动情况、学习状态、参与面和参与程度；活动方式是否多元化、灵活多变、成效如何；教师点拨方法是否科学恰当、灵活机智、真实有效；进而思考教师是否尊重学生主体地位，做到了以学定教。二是"个体发展"。个体发展和差异发展是一回事，但它忽略了素质教育最关键的、最核心的"两全"，即"促进全体学生的全面发展"，这容易导致学生个体，尤其是优生表现精彩，部分中差生受到冷落，出现课堂"这边独好"，点上热闹、面上萧条，受益层面不宽的问题。

2. 紧抓一个核心点——"情思互动"

"情"是课堂上师生真情的自然流露；"思"就是思维、思想。"情思互动"使课堂成为思维的激发点、情感的交融点、智慧的萌生点，使学生学会自主学习。为达到这种效果，"情思互动"课堂模式就需要教师认真地进行教学规划，精心创设教学情境，让学生能够在情境中积极、高效地学习，让学生通过学习获得主观层面的认知与体验。只有让学生在主观上认知和体验到了知识与情感，才能帮助他们树立起高尚的人格品质，提高他们的学习成效。

二、情思互动教学模式在历史教学中的应用

情思互动的教学模式在历史教学中，可以通过以下几种方法进行：

（一）给学生展示图片、实物以及视频动画，提升课堂的吸引力

比如，在学习"丝绸之路"的时候，教师可以将一些水果带到课堂上来，如葡萄、石榴等，然后提问学生：知道这些水果是什么时候传入中国的吗？这样可以激发学生的学习热情，紧接着播放关于"新丝绸之路"的视频给学生观看，让学生通过讨论来总结从视频中获取的信息，然后让学生浅谈对丝绸之路的了解。学生们在自我学习之后，教师指导学生归纳知识要点，明确丝绸之路的名字的来源、丝绸之路经过的地方、丝绸之路的作用以及丝绸之路当时的运输工具是什么。像这样的互动情节还有很多，教师作为课堂的组织者，首先就是要信任学生的学习能力，让学生自主去探索历史知识，然后进行正确的指导，帮助学生不断进步。

（二）将教学戏剧化，增强学生学习的激情

历史教学是乏味的，所以想要实现历史教学目标，就需要教师不断采用有效的教学措施来提升学生的学习兴趣。在实际教学过程中，我们可以按照历史教学的内容，让教师由一个"演讲者"变为一个"编剧"，根据历史知识来编制短剧，让学生通过扮演来感受历史的真实情景，让学生在演绎过程中自主思考历史问题。学生在扮演历史人物或者感受具体某个历史时间的时候，通过角色来感受这个历史人物的心态，用自己的立场来感知这个角色，重现当时的历史环境，能在更大程度上提升学生的创新能力。这不但改善了传统的教学方式，增加了历史的教学趣味，也在更大程度上提升了学生表演

的能力，激发了学生学习的激情。

例如，在学习《戊戌变法》的时候，可以让学生将"百日维新"运动以表演的形式展现出来，学生来扮演光绪皇帝、康有为等这些重要角色，在表演的过程中将"百日维新"运动中实施的一些措施，如经济措施、政治措施以及文化措施展示出来，利于学生理解历史知识。通过这样的方式能够增强学生之间的互动，不断增强教学效率。

（三）采用竞争的方式，增强学生之间的互动

如今这个世界是一个和平的世界，国家和国家之间存在竞争。经济化的社会生活中，各行业之间也存在竞争机制。同样在学校里，班级与班级之间、学生和学生之间都存在潜在竞争，只有竞争才能发展。

在历史教学中采用竞争的教学措施，能激发学生参与教学活动，培养学生学习的主动性。所以，在教学过程中可以在小组之间或者班级之间进行历史知识竞赛。比如，历史成语知识的竞赛等。班级或者小组内的成员为了赢得荣誉，就会积极筹备，以最大的努力取得好成绩。这样一来，最大限度地培养了学生的学习热情，借助比赛的方式增加学生的历史知识，培养了学生的学习兴趣，也增强了学生之间的互动，更有利于历史教学活动开展。

总而言之，教学是一种双向活动，在教和学的过程中，来实现对学生综合素质的培养，激发学生创造性的能力。教和学是相辅相成的，只要我们采取正确的方式进行教学情思互动，培养学生的学习激情，整个学习过程就会是愉快的、有效的。

第五节 双主共育教学模式

一、双主共育教学模式的概念界定

根据《现代汉语词典》中关于"主体"的解释："事物的主要部分；哲学上指有认识和实践能力的人。"主体性就是自觉能动性，它是人的全面发展最根本的特征，也是全面的核心和精神实质。主体性指主体在与客体打交道的过程中所表现出来的能动性，它集中体现为主体的独立性、主动性和创造性。主体性的背面是被动性。主体性在我们的工作、学习和生活中是至关重要的。拥有主体性的人，在客体面前，能最大限度地发挥主观能动性，

不盲从、不依赖、不退缩，是一个独立、自主、具有创造性的人。主体性是师生之间的一种天然属性，是不能被剥夺的，因此发挥教师和学生的主体性，既是激发教师"教"的兴趣，也是促进学生"学"的兴趣的根本，是现代教育所追求的核心目标。

双主共育教学，就是在课堂教学中，体现教师教的主体作用的同时，又体现学生学的主体作用。老师和学生在课堂上是互动的，即在教学的过程中，老师与学生这两个主体是相互交流的。

二、双主共育教学模式在历史教学中的应用

长期以来，在历史课堂教学中，存在着只强调教师"教"，而忽视学生"学"的现象，即大家通常所说的"满堂灌"。表现在课堂教学上，就是教师只按照某种固定的教学模式来完成教的"任务"，从上课讲到下课，不顾学生的学习积极性和理解能力，不管学生学没学、会不会，只向学生灌输知识，一味要求死记硬背，结果学生在课堂上没有自己消化、自己学习的余地，始终处于被动状态。如某些年轻教师，总怕完不成教学任务，课堂上争分夺秒地讲，不管学生听不听，一讲到底。这样的教学必然使学生感到历史课索然无味。久而久之，会导致学生对历史课不感兴趣，失去了对历史知识的求知欲，课堂教学也不可能达到预期的效果。因此，历史教师必须摆脱"满堂灌"的框架，在课堂教学中，尽量体现"双主体"的教学特色。

历史教学，要体现"双主体"的教学特色关键是要把学生作为教学的主体，坚持教师的主导作用。这就要求教师必须按照教学大纲的要求，提高教学技能和掌握教学艺术，根据教材的规定和现有的情况，认真组织教学内容，精心设计教学程式，恰当选择适应本节课内容的教学方法，组织和引导学生积极学习。只有这样，才能充分发挥教师的主导作用，保证学生的主体地位，使学生活跃起来，轻松愉快地进行学习。

（一）科学地确定教学目标，是体现双主共育教学的重要内容

教学目标是一个课堂教学的既定任务，是要求学生掌握的知识和能力，是全部教学的出发点和终结点。提出目标的根据是教学大纲、教材和学生实际。目标必须明确、集中，这样才能有时间和条件发挥学生的主体作用。历史教材内容的安排顺序，不外乎两个方面：一是以时间为序，如事件的发生、发展、结局；二是以事件的性质为序，如经济、文化。教学内容的组织，应

结合考虑学生的心理基础，教材的重点、难点等特点，对原教材内容，该集中的集中，该打乱的打乱。如某教师讲《中国工农红军长征》一课时，就根据学生的接受能力，打乱教材，重新组织。首先抛开红军长征途中的遵义会议，用图线方式表示出红军长征的路线，按路线先讲长征的出发点、长征的过程和长征的胜利，然后讲红军长征取得胜利的关键性会议——遵义会议，从而把教材组合成两个大方面，即红军长征和遵义会议。学生学习积极性非常高，课堂也异常活跃，当老师提问："长征为什么能取得胜利"时，三分之二的学生都能回答出：遵义会议确立了毛泽东的领导地位，长征是在毛泽东正确路线的指导下取得胜利的。由此可见，结合学生心理特点和认识规律，科学地安排教学内容，不但有利于激发学生学习积极性，而且便于一气呵成地了解长征的时间、地点、胜利到达的过程，有利于集中讲解遵义会议这个重点。这样从结果分析原因，再从原因照应结果，就极为有利地突出了重点，学生的印象必然深刻。

（二）置疑设问，是体现双主共育教学的重要手段

学生学习时，不是单纯被动地接受教师给予的知识，而是通过教师的启发教学，积极思考，变被动为主动，这样学生对学习才能产生浓厚的兴趣。为此，教师必须善于置疑设问。如有的教师讲《明末农民战争》一课时，根据学生小学学过的《李闯王进北京》，对明末农民战争比较熟悉的特点，教师提出了不同类型的问题，如课前提出：明朝中后期有哪些宦官专权？结果怎样？使学生在学习新知识前，对旧知识加以复习巩固，既起到了承上启下的作用，又为讲明末农民战争的背景奠定了基础。讲明末农民战争的经过时，就单刀直入地提出了"李自成的军队进占了哪些地方？提出了什么口号？途中颁布了哪些利民措施？为什么受到群众欢迎？"等一系列讨论型的问题，让学生带着问题看书，并指导学生画出重点、做出标记。一些较差的学生也纷纷看书，动脑动笔，并积极回答教师提出的问题。这样激发了学生学习历史的兴趣，改变了以往教师一味地讲，学生一味地听的状况，让学生的思维活跃起来并得到锻炼。

（三）灵活地运用教材，是体现双主共育教学的重要方面

教师应着重培养和激发学生的学习兴趣，其主要特色是突出教学的趣味性，通常是将历史史实故事化，或搜集一些史料，穿插到教学中。课堂教

学表明，作为大字内容的具体化或与大字配合密切的小字，通过教师的表达，有选择地讲，能达到使学生通过小字加深理解大字正文的效果，同时又能使历史课克服以往枯燥无味的印象，激发学生的学习兴趣。如中国古代史中，有许多以少胜多的战役，大多出现有小字部分，课堂教学中灵活运用这些小字，可以帮助学生理解什么是以少胜多的战役，为什么能以少胜多等问题。通过教师生动的讲述，增加了教学的趣味性，既起到了启迪智慧的作用，又培养了学生明辨是非的能力。

（四）利用好直观教具，是体现双主共育教学的又一重要方面

历史是人类已经消逝了的过去，现实生活中虽然可以出现与过去的历史有某些酷似的现象，但是，历史毕竟是不能够重演和再现的。因此，直观教学对历史课中"双主体"教学极为重要。历史教师应结合教材实际，积极创造条件，充分利用幻灯录音、录像、影片等教学手段，增强教学的直观性，培养学生的学习兴趣。如讲《中国工农红军长征》一课时，可以利用红军长征组歌的录音带，在课前放给学生们听，以渲染课堂气氛，让学生有身临其境的感觉。再如，有些战争路线，教材中的图示不太详细或看不太清楚，为便于教学，教师就要亲自动手，制作教具，绘一些图表，用幻灯进行教学。这样从抽象的概念到具体的感知，从生动的直观感受到抽象的思维，有利于加深学生对知识的理解和掌握，有利于激发学生学习的积极性。

（五）教师的课堂小结和学生的自我检查，是体现"双主体"教学的重要步骤

在历史教学过程中，进行课堂小结和实行学生自我检查，是充分发挥教师主导作用、学生主体作用的有效手段。课堂教学是师生的双边活动，教与学是相辅相成的两个侧面，教师的"教"和学生的"学"效果怎样，很大程度上，可以从学生的信息反馈过程中得到了解，从而修正教学内容和讲授方法。教师每堂课都应围绕教学目标、教材重点，进一步设计好学生反馈内容，课堂教学任务完成后，坚持用几分钟时间，进行扼要的小结。学生则应按照教师提出的目标，在教师指导下，独立地发挥自我检查效能，这样能促使学生调节自己学习活动，掌握学习方法，增强学习信心，并达到加深记忆、巩固新课的目的。

教学实践证明，体现"双主体"特色的课堂教学，适合历史课教学，

并受到老师和学生的欢迎和肯定。"双主体"教学对提高历史教学质量起着不可忽视的作用。

第六节　情境复现教学模式

一、情境复现教学模式的内涵

情境复现教学模式指的是在教学中，教师根据具体的学科特点与学生的认知结构，利用多种教学手段创设具体、形象、生动、感人的情境，让学生在听觉、视觉、感觉等多个方面受到感染，使其产生"如临其境""如见其人""如闻其声""如历其事"的感受。在历史学科中使用情境复现教学模式，就可以在现实与历史之间架起一座桥梁，使学生以一个"历史人"的身份来亲身体验与经历，进而促使他们的认知、情感等得以升华。这种教学模式将学生的智力、知识、非智力因素结合在了一起，是一种相互促进与相互联系的全新教学理念。

历史知识有着既往性的特征，因为历史是人类过去的社会实践活动，人们只能间接认识，没有机会直接体验。那么，对于学生来说，学习历史时难免会产生枯燥、乏味的感觉。这就体现了情境复现教学模式的重要性，因为学生在这种模式下可以直观感知与领悟历史知识，可以大大缩短历史与现实的时空距离，使得学生仿若置身于具体的历史情境之中，这也能够最大限度地激发学生学习历史的兴趣，使其更好地感知与理解历史中的人和事。

在历史课堂中，教师在使用情境复现教学模式的时候，要注意以下四个要求。

第一，符合客观历史史实，这是前提条件。如果所有情景再现都与历史不相符，那么这节课就是彻底失败的。

第二，有利于激发学生探究与本节课主题相关的学习内容。也就是说，要围绕教学内容的主题选材。如果与本节课的主题无关，那么这样的再现就是毫无意义的预设。

第三，有利于学生参与课堂教学的互动。新课程的理念是创设情境，引导学生主动、合作、探究学习。

第四，时间要紧凑，时间太长会淡化其他的教学内容。

一般来说，情境复现教学模式的教学程序可以分为：①设定目标，师生准备；②创设情境，具体展示；③深入情境，情感体验；④分析理解，共同探究；⑤归纳评论，总结转化。

二、情境复现教学模式在历史课堂中的应用策略

（一）情境复现的教学原则

要想真正落实情境复现教学模式，教师就必须明确这种教学模式所需遵循的基本原则。

1.情境适应原则

情境复现教学模式的基本原则就是教师要为学生设计与创造出恰当的情境。夸美纽斯说过："可以为教师们定下一则金科玉律，在尽可能的范围内，一切事物都应该尽量地放到感官面前。"历史情境复现教学模式就是运用多种教学媒体，将具体的历史事件还原给学生，让学生在对情境的把握中展开认知活动。但是，在复现情境的时候，教师必须保证这个情境与学生的知识背景、认知能力等相契合，并且需要将具体的历史概念巧妙地融合在情境之中，这就需要情境要具备适应性。主要可以从两个层面进行理解：情境符合一定的历史内容的需要；情境符合学生的认知水平。如此一来，学生们才可能在情境的引导与带领下主动适应情境，他们的学习兴趣才能被激发出来，以此来使他们的智力思维处于最佳状态。因此，情境信息一定要适量，情境问题的难度要符合学生的"最近发展区"的要求，情境问题要符合学生的探究需要。除此之外，教师还应有目的、有步骤地引导学生进入具体的情境之中，使其主动展开积极的学习活动。

2.情境激发原则

复现情境的关键就在于想方设法地将学生的情境与情感融合在一起，使学生的情感能被充分激发出来，以此来达到移情作用。情感是与人的意识紧密结合的内心体验，具有强烈的情境性、稳定性与长期性。情感的这个特质表明了教师无法通过灌输法等强制方式来激发与培养学生，只能顺应学生的情感与认知特点，这就需要合理使用具体的史实。情境复现教学模式是指教师通过创设生动的历史情境，使学生置身于历史之中，与具体的历史人物一起思考、活动，使他们的情感能够尽可能地达到一致。因此，适当的情境能够为学生创设一个良好的学习环境，促使他们的潜能不断被激发出来。另

外，激发学生的历史情感，使其正确对待历史，也是历史教学的一个重要教学目标。这种非智力因素对学生的整个学习活动与形成健全的人格有着至关重要的作用与意义。

3. 情理统一原则

情境复现教学模式的目的是激发情感与形成认知。因此，情境、情感、理智的统一是情境复现教学模式所追求的最终教学目的。情理统一的原则包括两个部分的内容：一是情境必须体现出一定的历史知识、概念与规律，保证历史事实能够在各种情境之中被学生认识，使其形成历史认知结构；二是教师通过利用情境要让学生进入特定的历史角色之中，使学生产生真实的情感，达到情感与认知的统一教学。

（二）组织教学的技巧

情境复现教学模式十分看重学生的观察力、想象力与思维力，它是激发学生产生积极、丰富的情感因素的重要途径。在整个教学组织过程之中，教师应始终秉承着这个教学理念。

1. 复现情境

复现历史情境主要是以教学目标、教材许可程度与学生的已有条件为基础的，大致可以分为两个类型：第一种是实实在在的情境，这是通过教学媒体来创设的。教学媒体一般包括以下几个方面：①实物媒体，如照片、图画、文物；②光学媒体，如幻灯片、投影仪；③音响媒体，如广播、录音；④影视媒体，如电影、录像；第二种是虚拟的情境，如以角色扮演、戏剧表演、模拟等多种方法来创设的历史情境。不管是哪一种，都是为了反映历史事件的真实面貌。在具体的呈现方式与程序中，教师则需要根据学生的实际情况、具体的教学内容等进行实事求是的设计。

2. 观察想象

对于复现的历史事件，学生需要根据教师的指导，有目的、多层次地进行观察与思考，并在他们的大脑中重新整合新知识与旧知识，再现历史事件的大致面貌，从而与历史人物产生相似的情感。在多次反复的基础上，教师可以指导学生进行比较、分析、综合、判断、推理等，使其认识历史概念。例如，如果教师要指导学生观察北洋水师官兵在黄海战役中的表现，就可以将其与海战前清政府的行为、第二次鸦片战争、中法战争中清政府的政策等进行联系，对清政府的腐败、经济落后、军备废弛等有所了解，由此便可以知道，中国的战败已成定局。

3. 激发情感

激发情感与观察是同步进行的。在情境复现教学模式下，学生是一个历史参与者，与历史人物一起思考。如果是成功的，学生便会喜悦；如果是失败的，他们便会愤恨，所以他们的情感能够很轻易地被激发出来。除此之外，教师还应利用情境发展学生的情感，引导学生主动探究。例如，很多学生在看到邓世昌和全舰官兵毅然决然地冲向"吉野"号，最后中了鱼雷，壮烈牺牲的情景时，教师可以提问："他们为什么要这么做？只有牺牲这一条路吗？"由此，一种保土安民、反抗外来侵略的爱国情感便会油然而生。

4. 情能转化

在组织教学中，复现情景是基础，观察想象是方法，激发情感是动力，迁移情能是目标。情能转化是指将学生在学习中的情感体验转化为智能发展，要达到这种转化，最基本与最有效的方法便是应用。智能发展一般有三个层次：①掌握，是指学生理解知识；②活动，是指在新的情境中可以利用所学知识，即学以致用；③创造，是指学生在新情境中利用所学知识具备一定的创新精神。

第五章 历史教学方法

第一节 历史教学方法概述

一、教学方法的定义

在教学理论和教学实践中，教学方法一直作为重点研究对象而存在。对于教学方法的研究，存在着三种解释。第一种解释认为，教学方法是对于实现教学内容，达到教学目的所采取的一切手段和途径。这是一种广义的解释，它把教学原则包括在教学方法之中。第二种解释将教学方法与原则进行了区分，认为教学原则是教学方法的指导思想，教学方法是在教学原则的指导下所采取的具体活动的措施，这个认识仍然把教学组织形式混淆在一起，把上课、辅导等称为教学方法。第三种解释把教学方法与教学原则、教学组织形式完全区分，只把讲授、实验、练习、演示等称为教学方法。一般情况下，常说的教学方法是按照第三种解释来理解的。

针对国内外关于教学理论的研究，学者对教学方法的定义的理解各有侧重，概括起来有以下几种说法。

第一，手段途径说。这种说法认为，"教学方法是指为达到教学目的，实现教学内容，运用教学手段而进行的，由教学原则指导的一整套方式组成的、师生相互作用的活动。"

第二，教学方法统一说。这种说法认为，"教学方法是为完成教学任务而采用的办法，它包括教师教的方法和学生学的方法，是教师引导学生掌握知识技能，获得身心发展而共同活动的方法。"

第三，相互作用说。这种说法认为，"教学方法是指在教学过程中，教师和学生为实现教学目标、完成教学任务而采取的教与学相互作用的活动方式的总称。"

第四，动作体系说。这种说法认为，"教学方法是教师组织学生进行活动的动作体系，包括内隐动作和外显动作。"

第五，操作策略说。这种说法认为，"教学方法是教师在指导学生学习的教学过程中为达到教学目的，由一整套教学方式组成的操作策略。"

在《教学论研究二十年》中指出："教学方法的定义都有其合理的一面，都在一定的层面上或从某一侧面指出了教学方法的特性，但都过于笼统、含糊或失之偏颇，不能充分揭示教学方法的本质。"虽然国内外的学者对于教学方法的定义不尽相同，但是依然存在着几点共识：第一，教学方法必须为实现教学目的，完成教学任务服务。第二，教学方法最本质的体现在于教师的教与学生的学，二者之间是密切相关、相互促进的关系，这是教学方法概念的核心内容。在现代教学论中，教学方法不再是教师向学生传授知识这个形式，而是师生之间共同学习的互动的方法。第三，教学方法是师生活动的方式、步骤、手段和技术。任何一种教学方法都必须表现出师生动作的外部特点以及这些动作的手段和方式，这些是教学方法最一般的特征。

"教学方法是指为达到一定的教学目标，教师组织学生进行专门内容的学习活动所采用的方式、手段和程度的综合；它包括教师的教法、学生的学法、教与学的方法。教法，是教师为完成教学任务所采用的方式、手段和程序；学法，是学习者在一定的条件下获得知识、形成技能、发展能力和发展个性过程中使用的方式；教与学的方法，是指在教学过程中教师为了完成教学任务所采用的工作方式和学生在教师指导下的学生的学习方式的总和。"这段文字对教学方法和教学目的、教学内容的本质联系以及师生双方的相互关系进行了表述。

二、教学方法的分类

（一）国外对教学方法的分类

1.巴班斯基分类法

巴班斯基认为，教学活动包含了知识信息活动的组织、个人活动以及活动过程中的随机检查。巴班斯基把教学方法分为三个大类，然后在这个大类下，又分了若干个小类，每一个小类下会包含着几种教学方法。

第一大类是组织和进行学习认知活动的方法。这个大类又可以分为四个小类。第一小类是按照传递和接受教学信息的来源划分的，包含以下三种方法：①口述法，包括讲述、讲演、谈话等；②直观法，包括演示、图解；③实践法，包括练习、实习、实验、操作等。第二小类是按照传递和接收信息的逻辑进行划分的，有归纳法、演绎法。第三小类是按照学生掌握知识时思维的独立性程度划分的，有复现法、问题探索法。第四小类是按照对教学活动的控制程度划分的，有教师指导下的学习法和学生独立学习法。

第二大类是激发和形成学习动机的方法。这个大类可以分为两个小类：第一小类是激发和形成学习兴趣的方法，其中有认识性游戏，教学讨论以及创造不同的情绪、情景等；第二小类是激发和形成学习义务感和责任心的方法，其中有说明学习意义，提出要求，履行要求的练习、表扬和批评等。

第三大类是检查和自我检查学习认知活动效果的方法。这个大类可以分为三个小类：第一小类是口头的检查和自我检查法，包括各种口头提问和口试；第二小类是书面的检查和自我检查法，包括检查学生的书面作业和进行各种书面考查；第三小类是实验、实践的检查和自我检查法，包括各种考查性实验作业。

巴班斯基认为他的分类是比较完整的，全面地考虑了活动的组织、激励和检查等各个基本结构成分，完整地提到了认识活动的各个方面，如感知、领会和实际运用，也考虑了教学方法的各种基本职能和基本方面。特别是指出了各种方法的相互联系，要求选择运用教学方法时考虑其最优结合。但是，这种分类法过于强调整体系统性，并且试图把各种方法都包容进去，所以这种教学方法的分类令人感觉过于机械拼凑。

2. 拉斯卡的分类

美国学者约翰·A.拉斯卡提出以学习刺激的类型为标准进行分类。他指出，学习刺激作为一种手段是一种与预期学习结果的实现相联系的刺激。"我发现世界上只有四种基本教学方法，既不多，也不少！""其中，有三种方法是'传统'的方法，因为古希腊和古罗马的文献中就证明过它们的存在。另一种教学方法是20世纪的一项创新。"他认为，"教学方法就是发出和学生接受学习刺激的程序。"他按照发出和接受刺激行为的不同性质，将教学方法分为：呈现方法、实践方法、发现方法和强化方法，每一种基本方法是由很多的特定的方法构成的。

第一，呈现方法。教师可以选择合适的刺激，用适当的顺序把将要学习的内容呈现给学生。这种方法包括讲授、谈话、演示图片、阅读、示范、考察和观察等。

第二，实践方法。教师可以把将要学习的内容以解决问题的形式提供给学生，通过已知程序的运用，提供可模仿的模式或可操作的特定学习活动来进行。教师的作用在于提出目的，组织实践活动，提供适当的反馈。具体包括指导学生学习某个确定的课题、给学生布置作业、要求学生模仿特定的模式进行活动训练等。

第三，发现方法。这种教学方法是指教师给学生提供一个情境，希望学生在其中发现预期的学习结果。教师的作用在于组织发现活动，关注活动中学生能力的发展，具体包括问答法、讨论法、设计实验等。

第四，强化方法。教师对学生做出预期反应后，对学生进行赞许、奖励的强化，有目的地向对预期学习结果有获得行为的学生提供强化，具体方法包括行为矫正和程序教学指导。

拉斯卡的分类在西方的教学方法中具有代表性，它反映了西方学者在教学研究中的一个共同点：以心理学的研究为基础，以学习理论为依据。但是，教学活动不仅仅是学生的学习活动，所以仅仅依靠一种理论来对教学方法做出全面的分类是不可能的。

3. 威斯顿和格兰顿的教学方法分类

依据教师与学生交流的媒介和手段，威斯顿和格兰顿把教学方法分为以下四类。

第一类，教师中心的方法，主要包括讲授、提问、论证等方法。优点：有利于大幅度地提高课堂教学的效果和效率。它具有两个特殊的优点，即通俗化和直接性，有利于帮助学生全面、深刻、准确地掌握教材，促进学生学科能力的全面发展；有利于充分发挥教师自身的主导作用，使学生得到比教材多得多的东西。缺点：容易使学生产生"假知"从而导致知识与能力的脱节；容易使学生产生依赖和期待心理，从而抑制学生学习的独立性、主动性和创造性。

第二类，相互作用的方法，包括全班讨论、小组讨论、同伴教学、小组设计等方法。优点：容易引起动机；可以刺激思考；能有不同想法，集思广益；对课程记忆较深刻；在课堂上睡觉的学生比较少；教师与学生互动多；上课较生动活泼；易于表达上课感想；学生能训练自身表达组织的能力；利于培养学生间的合作精神。缺点：浪费时间，没有效率；没有重点，偏离主题；教师难以控制秩序；气氛两极化，易受参与学生的影响；学生无法聚焦，对课程内容品质的追求无法达成一致；想法易陷入死巷；主持人责任过重；必须花时间进行事前准备；容易碰触敏感话题。

第三类，个体化的方法，包括程序教学、单元教学、独立设计、计算机教学等方法。优点：目的要求明确，便于学生掌握预定的系统知识与技能；便于学生个人学习，适应个别差异，提高学习效率；能及时强化学习的动力。缺点：不利于培养学生的主动性、创造性；削弱了师生间、学生之间的信息交流。

第四类，实践的方法，包括现场和临床教学、实验室学习、角色扮演、模拟和游戏、练习等方法。优点：能够融情于景，再现现实；增加课堂的趣味性，调动学生的积极性。缺点：课堂效率不高；课堂秩序混乱，教师难以控制；个别学生借机说话等。

（二）我国学者对教学方法的分类

1.李秉德在《教学论》中的教学方法分类

按照教学方法的外部形态以及这种形态下学生认识活动的特点，可以把我国中小学教学活动中常用的教学方法分为五类。

第一类是"以学生语言传递信息为主的方法"，是指教师通过运用口头语言向学生传授知识、技能以及学生独立阅读书面语言为主的教学方法，包括讲授法、谈话法、讨论法、读书指导法等。这种方法在我国教学中运用得最广。

第二类是"以直接感知为主的方法"，是指教师通过实物或直观教具的演示和组织教学参观等，让学生可以利用感官直接感知客观事物或现象而获得知识的方法，包括演示法、参观法等。

第三类是"以实际训练为主的方法"，是指通过练习、实验、实习等实践活动，使学生巩固和完善知识、技能和技巧的方法，主要包括练习法、实验法、实习作业法。这种教学方法以学生的实践活动为特征，通过实践活动让学生的认识水平得到高层次的发展，将技能转化为技巧。

第四类是"以欣赏活动为主的教学方法"，是指教师在教学活动中，创设一定的教学情境或利用特殊内容和艺术形式，使学生通过体验事物的真善美，陶冶性情和培养正确的态度、兴趣、理想和审美能力的方法，如陶冶法。

第五类是"以引导探究为主的方法"，是指教师组织和引导学生通过独立的探究或研究活动而学习知识，形成技能和发展能力的方法，如发现法、探究法。

2.皇甫全提出的层次构成分类模式

皇甫全认为，从具体到抽象，教学方法可以分成三个层次。

第一层次，原理性教学方法。这种教学方法能够解决教学规律、教学思想、新教学理论观念与学校教学实践直接的联系问题，是教学意识在教学实践中方法化的结果，如启发式教学法、发现式教学法、设计教学法、注入式教学法。

第二层次，技术性教学方法。这种教学方法，向上可以接受原理性教学方法的指导，向下可以与不同学科的教学内容相结合构成操作性教学方法，在教学方法体系中发挥着中介性作用，如讲授法、谈话法、演示法、参观法、实验法、练习法、讨论法、读书指导法、实习作业法。

第三层次，操作性教学方法。这种教学方法是指不同学科教学中具有特殊性的具体的方法，如语文课的分散识字法、外语课的听说法、美术课的写生法、音乐课的视唱法、劳动技术课的工序法。

对于教师应该如何进行教学展开了研究，并且从互动教学、启发教学、语言运用技巧三个方面进行了介绍，对教学方法的研究可以放在任何一个学科中。对新型的师生关系进行了研究，研究了教师的教与学生的学的特点，并以此为基础，探讨了一些教学方法，这些为教师的教学提供了很好的借鉴意义。在《浅谈有效组织课堂的方法》中，提出了五条有效组织课堂的教学方法，很多学者也提出了关于多媒体教学、课堂讨论、课后实践的教学方法。新课改实施以后，很多教育工作者对于提高课堂效率的教学方法进行了研究。根据几个教学环节，如备课、上课、考核与评价，对课堂教学方法进行了详细的说明。从转变教师与学生的传统观念这个角度，对课堂教学方法进行了研究，提出要建立课堂改革的质量保障体系。

三、历史教学方法的分类

历史教学方法的生成途径从学科的角度来说主要有两种：一是将教学论中的具有普遍意义的教学方法移植到历史教学中；二是根据历史学科自身特点生成。根据后者创造出的历史教学方法被称为历史学科的教学方法，凸显了历史教学方法中的历史特色。对于如何对历史教学方法进行分类，我国的学者也做出了一些研究。

观点一：把历史教学方法归为三类：与接收学习相应的教学方法（讲授法是最典型的）、与发现学习相应的教学方法（研究法、讨论法是最典型的）、包含接受学习和发现学习的教学方法（问答法、问题法和叙述法是最典型的）。

观点二：把历史教学方法分为两类：以教师教授为中心的教学方法（传授法是这种教学方法的典型）、以学生学习为中心的教学方法（以活动教学为代表）。

观点三：把历史教学方法分为三类：讲谈—接受式、自学—辅导式、参与—活动式。

观点四：把历史教学方法分为三类：传统的教学方法（讲授法等）、在传统基础上改进的教学法（讲读法、谈话法、研讨发现法等）、历史教学的新方法（计算机教学法、历史情景创意法、历史研究教学法等）。

到目前为止，没有任何一种教学方法理论被认为是最具权威性的，教学方法的具体分类是随着不同的分类标准或分类依据而不同的。所以，教师应该根据历史教学的具体要求来选择最恰当的教学方法。

第二节 历史教学方法

教学方法具有一定的双向性，包括教的方法与学的方法。同时，教学的实质就在于教师与学生的互动性，如果没有师生双方的相互作用，也就谈不上教学了。因此，如果教与学是相互割裂的，那就无法实现教学研究。只有弄清楚教与学的关系，才能够正确对待教学研究。

一、讲授法

讲授法是教师使用声情并茂的语言来讲述历史知识的一种方法，这种方法有利于让学生了解历史知识的过程与内容，是应用最为广泛的教学方法。在讲述历史知识的过程中，教师还可以培养学生的观察能力、想象能力、记忆能力以及思维能力等，同时还可以通过教师的解释使学生的思想受到启发。因此，讲授法既可以用来传授新知，也可以用来复习旧知。一般而言，讲授法可以分为讲述法、讲解法和讲读法。讲述法，是指教师围绕教学目标，使用形象、生动的语言，讲授历史事件、人物活动等发生、发展的过程，从而帮助学生建构历史表象、开展思维活动、获得历史知识。讲解法是教师运用说明、分析、论证等方式对历史史实、历史概念、观点和规律等内容进行科学的阐释的一种教学方法。讲读法是学生阅读教科书，与教师的讲解相互进行的一种教学方法。

讲授法有四个优点。第一，讲授法有利于大幅度提高课堂教学的效果和效率。讲授法具有两个特殊的优点，即通俗化和直接性。教师的讲授能使深奥、抽象的课本知识变成具体形象、浅显通俗的东西，从而排除学生对知识的神秘感和畏难情绪，使学习真正成为轻松的事情；讲授法采取定论的形式直接向学生传递知识，避免了认识过程中的许多不必要的曲折和困难。在现行的班级授课制里，采用讲授法能保证让大部分学生在短时间内学到数量最多的知识与技能。奥苏伯尔曾说："学生获取大量整体的学科知识，主要是通过有意义接受学习、设计适当的教材和讲授教学实现的。"第二，讲授法有利于帮助学生全面、深刻、准确地掌握教材，促进学生学科能力的全面发展。教材是学生学习知识的一个主要依据，但是，由于教材的编写要受到书面形式等因素的限制，对学生来说，不仅知识本身不易被读懂，其所潜藏的内涵更不易被发现。而教师能够全面、准确地领会教材的编写意图，吃透教材、挖掘教材的深邃内涵。所以，借助教师的系统讲授和透彻分析，学生才能比较准确地掌握教材。第三，讲授法有利于充分发挥教师自身的主导作用，使学生学到比教材多得多的知识。任何真正有效的讲授都必定是融入了教师自身的学识和修养的。所以，讲授对教师来说，不仅是知识方法的输出，也是内心世界的展现。它潜移默化地影响、感染、熏陶着学生的心灵。第四，讲授法是其他教学方法的基础。从教的角度来看，任何方法都离不开教师的讲，其他各种方法在运用时都必须与教师的讲相结合，只有这样，其他各种方法才能充分发挥其价值。从学的角度来看，接受法也是学生学习的一种最基本的方法，其他各种学习方法的掌握大多建立在接受法的基础上。学生只有先学会听讲，才能潜移默化地把教师的教法内化为自己的学法，从而真正地学会学习，掌握各种方法。

讲授法有四个缺点与局限。第一，讲授法容易使学生产生"假知"，从而导致知识与能力的脱节。教师运用讲授法，把现成的知识教给学生，往往会使学生产生一种错觉，即只要认真听讲就可以直接获得知识。然而，实际的情况是，学生听起来好像什么都明白，事后却又说不清，一遇到新问题就会手足无措。学生对于这种未经思考获得的知识掌握得并不好，更谈不上对其举一反三并加以迁移应用，从而促进能力的发展。事实上，学生对任何知识的真正掌握都必须建立在新旧知识的有机结合和自己的独立思考上。第二，讲授法容易使学生产生依赖和期待心理，从而抑制了学生学习的独立性、主动性和创造性。讲授法源于传统的教师中心论，教师是知识的象征，一切知识得由教师传授给学生，所以这种方法在运用过程中也容易使教师产生重教轻学的思想。教师往往只考虑自己怎样才能讲得全面、细致、深刻、透彻，似乎只有这样，学生才能掌握得越多、越好。长此以往，师生会产生心理定式，学生也会在不知不觉间形成依赖心理，一切问题等待教师来讲解，严重地削弱了自身的学习主动性、独立性和创造性。第三，讲授法难以估计学生的个体差异，难以实现因材施教。学生之间在心理特征、认知水平、知识水平等方面存在着很大的差异。教师在运用讲授法进行教学时，所采取的是一种集体教学的方式，这种方式忽略了教师无法观察到个别学生接受历史知识的困难的现象。第四，教师讲授与学生活动之间的矛盾。教师在课堂上实施过多的讲授会占用大量的课堂时间，这必然会减少学生的活动时间，而学生在课堂上的活动时间减少，势必会影响对学生探究能力的培养。

当今，大多数人批判讲授法的原因在于：在讲授法下，学生的学习是机械的、被动的，是传统的"填鸭式"教育。但是，接受学习并非一定是被动的，讲授法本身是一种有效的教学方法，只是因为人们的使用不当才带来了一些负面效果。

但是，教师仍然需要对讲授法进行相应的改变，从而使得讲授法充分发挥教育功效。

第一，教师需要正确处理教与学的关系。教师可以通过讲授法将自己想要表述的问题进行充分的阐述，这就使教师对于选择历史课堂的讲述内容与授课方式有了充分的主动权。即便再重视学生的主体作用，教师在教学中也发挥着无法替代的作用。教师的主导作用与学生的主体地位本身便是一对结合体，缺一不可。在一节历史课中，教师应该对如何更好地讲授本课的教学内容做到心中有数。例如，用什么方式进行教学、在讲授的过程中要求学生所掌握的知识程度、用多长时间进行教学、用什么样的情感来进行教学，这些对于教师的文化修养与人文修养的要求很高。而教师也只有如此，才能够充分发挥主导作用。

第二，优化传统的讲授法。新课改理念的提出使传统的教学方法面临着巨大的挑战。历史教师身上的责任更重，为了改变落后的教学观念与教学方法，创新、变革、与时俱进已经成了现在的教育主流思想。在实际的教学之中，教师应该使用多媒体来辅助教学，这可以充实讲授的形式与内容，使讲授内容有着鲜活的意义，也能够收获更好的教学效果。

讲授法的基本载体便是教师的语言，教师对语言的表达与运用也直接决定着讲授法的实施质量。在教学中，教师与学生、教与学之间的信息传递主要是通过语言来进行的，学生对教材的理解与认识也是通过对实物、教具的观察，以及通过阅读教材和教师的语言叙述所进行的学习与想象，这些都离不开教师的语言。因此，历史教师的语言占据着重要的地位。可以说，教师的语言能力也是能否上好一堂历史课的基本条件。

在历史课堂中，教师的语言需要达到以下四个要求。

第一，要有历史时代感。历史教师的语言主要是为了表达具体的历史内容，而为了让学生感受到真实的历史，教师的语言就必须与具体的历史时代特征相契合，并且要善于根据不同历史时期的政治、经济、文化、民情、风俗等，使用独具特色的历史语言进行教学。那么，教师如何才能够保证自己的语言具有鲜明的历史特色呢？首先，教师要明确地使用历史概念，不应该将历史上的具体概念与现在的概念混淆在一起。比如，有的教师会将赋税说成交公粮，由于表述的不同，学生对这个词的理解也就出现了偏差。其次，教师要恰当使用原始材料。比如，史书的记载、历史人物的原话、历史上的诗词歌谣等，可以增强历史的真实感。再次，教师不应该使用现代的术语来讲解历史。比如，有的教师将秦朝的御史大夫的职能说成是"看哪个当官的违法乱纪、腐化堕落，就报告给皇帝"，但是这种现代化的说法并不准确、贴切，不适于讲授历史知识。为了使教师的语言具有历史特色，教师应该认真准备，并且需注意在平时积累史料，使其不断地融合在自己教学语言之中。

第二，教学语言要准确规范，保证教学语言的科学性。如果教师的教学语言不够准确的话，学生就很可能会学得茫然，对所学的知识比较模糊，而且教师语言的不规范性也会影响教学内容的表达。《学记》中所说的"其言也，约而达，微而臧，罕譬而喻"，就是要求教师的话语既要做到准确规范，又要做到清楚明白。教师在讲授史实、结论、概念的时候，要有逻辑性，要克服自相矛盾与模棱两可的问题。比如，在讲授鸦片战争以后外国资本主义在中国倾销商品日益增长的时候，教师说道："英国在 1853 年运到中国的棉纺织品占全国的 81%"，这种说法是不准确的。正确的表述应该是："在英国输华商品中，棉纺织品占了很大的比重，1853 年输入中国的棉纺织品占英国输华商品总值的 81%。"另外，教师的表述要合乎语法，用词也要精确。教师只有在用词准确以后，才能够正确表达出自己所要表达的内容。如果他们的用词有问题，就会影响学生的理解。比如，"指南针是中国人最先发现的"，那么发明与发现这两个词的词意就产生了混淆。

第三，教师的语言要通俗易懂。教师语言的通俗易懂，可以使学生更好地接受教师所表达的内容。虽然教师的语言要具备历史特色，但是不能生涩隐晦，也不能过于高深。教师应该使用通俗易懂的语言来进行授课，特别是在教授心智发育还不成熟的学生时更应如此。这就要求教师要多用口语，少用书面语言。因为书面语言虽然比较严谨，但是不够活泼、通俗，所以如果教师完全按照教科书进行授课，那么就会像是在背书一样，学生听起来也昏昏欲睡。另外，教师要尽可能使用浅显、贴切的语言来解释一些理解难度较高的历史概念。比如，对于清朝的总督的定义，如果教师可以解释为"总督是清朝的最高地方长官，管理一省或二三省的军民要政"，那么学生便可以明白总督的地位与职能。为了保证自己的语言是深入浅出的，教师在必要的时候可以使用贴切的比喻进行说明。另外，教师要尽可能地少用一些堆砌的词语进行授课，否则很可能会出现言之无物的局面。

第四，教师的语言要生动形象。教师的语言表述应该符合教学的直观性的原则。教师应该善于运用生动形象、有趣逼真的教学语言来讲述具体的历史知识，这可以使学生获得身临其境之感，也能够激发出学生的想象，使其对所学知识留下深刻的印象。历史教师应该巧妙地运用语言技巧，将一些深奥、枯燥的事理形象化、具体化，将抽象的观点具体化，再现久远的历史事实。从内容上来说，教师的教学要使用通俗、灵活的语言来说明主题；从形式上来说，教师的教学语言要注意语言艺术，也即正确掌握语气、语调、语速，使其起伏适当，抑扬顿挫。

总而言之，历史教师应该具备高超的语言修养与语言艺术。每一个历史教师都要注重提高自身对教学语言的理解感受、运用表达、自我调剂等能力，才能够不断灵活使用各种教学方法，从而提高教学质量。

二、图示法

图示法，也可以称作信号法或图文示意法。图示法是以符号、文字、色块组成的图示来表示历史知识的内在逻辑关系的一种方法。教师可以通过图示法把教学的重点知识进行重新编排处理，形成图示，使有关的历史信息可以更加鲜明简要，知识之间的层次与关系更加分明。历史教材所涉及的人和事很多，头绪很复杂，信息量也相当大。因此，历史教师应对历史信息进行提炼、浓缩、概括、集成等加工处理，取其"纲要信息"，用简练的语言文字或图示图表传递给学生。图示法通过以图示意、以表解意，利用各种简明的符号和浓缩的文字，构成清晰美观、通俗易懂的图形表格样式，以表述各种概念，它是反映知识之间的联系的一种教学方法。将图示法引进历史教学，不仅丰富了历史教学方法，也提高了历史教学质量。图表优于文字，它形象具体、简洁明了，不需要更多的语言文字说明，使人一看便知。将图示法充分运用到历史教学中去，能提高学生的学习效率，能起到文字所不能起到的作用。它既可以形成知识的整体结构感，又可以加深对历史知识发展线索的理解，还可以培养学生的综合归纳能力，帮助学生形成正确的历史要领，不断提高学生的历史思维能力。

图示法在历史教学中的优点包括以下四个方面。第一，简化教材，纲举目张。教师在讲授新课时运用图示法，可以让学生对历史知识有一个立体的认识，充分感知课本教材，使学生对知识之间的联系有深刻的认识，形成一个较为系统完整的知识体系，从而起到简化教材，即用简明的符号代替冗长的语言的作用。第二,知识整理,化零为整。学生在学习历史知识的过程中,如果不能将平时学到的点滴知识构成一个系统的话，其用处就不明显，而一旦通过综合性整理变得系统化，它们就非常有用了。在历史教学和复习中的合理利用图示法，可以强调历史知识的整体结构，突出历史概念的纵横联系，还可以发挥图表直观、鲜明、简约的重要特征。第三，纵横比较，厘清脉络。任何历史现象都不是孤立的，而是互相联系的，或上下相承，或左右相关。通过纵向和横向的联系比较，可以把大量分散的、相对孤立的历史事实和历史概念纳入完整的学科知识体系之中，并抽象概括出阶段特征。第四，宏观认知，完整体系。例如，在讲授世界近代史时，应该首先让学生掌握总体知识结构及线索：世界近代史是资本主义产生发展，并逐步形成世界体系向帝国主义过渡的历史；它始于 1640 年的英国资产阶级革命，止于 1917 年的俄国十月革命。其中，1870 到 1917 年是自由资本主义向垄断资本主义过渡的阶段，主要资本主义国家先后进入帝国主义。整个世界近代史的发展共有三条线索（资本主义的发展史、国际工人运动和社会主义运动史、民族解放运动史）和四对矛盾（资本主义同封建主义的矛盾、无产阶级同资产阶级的矛盾、资本主义国家同殖民地半殖民地的矛盾、资本主义列强之间的矛盾）。教师应据此指导学生阅读教材目录和年表，进一步丰富、充实刚刚获得的感性认识，形成总体知识结构。接下来对每一条线索的内容进行概述，并进一步充实总体结构。

（一）图示法在历史教学中的运用

图示法在历史教学中有着比较独特的优势：图示法能够在较短的时间内向学生提供一个比较完整的历史结构。这个结构是十分简明、形象、系统的，它能够调动学生的感官能力，并且可以加强学生对历史知识的记忆，激发学生的历史学习兴趣。

在历史课堂上，图示法的教学步骤主要有：①教师根据教学目标进行生动形象的描述；②教师要展示图示，简明扼要地根据图示介绍历史内容，对图示的思维路线进行强调；③教师讲解完毕后，学生抄录图示；④课堂小结时，学生可以根据图示，回忆主要的历史教学内容，并对这些历史知识进行巩固。教师在设计图示时，必须具有科学性和简洁性，从而保证这个图示能够说明比较复杂的历史问题和历史现象。

新课程的历史教科书知识容量大、时间跨度长，且又较为深奥复杂，因此，要让学生在听完教师讲解后全部搞清楚是相当困难的。如果教师在讲述历史知识时，能利用图示进行教学，就能使复杂的知识精简化，把烦琐的知识提纲挈领，高度概括地揭示事件的要点，凸显精华，把知识的内在联系通过巧妙的结构安排体现出来。

（二）运用图示法时的注意事项

第一，图示设计要简明、形象、科学。图示是对复杂的历史内容的高度概括、提炼，图示可以起到"信号示意"的作用。根据不同的角度，可以将一个历史概念设计出不同的图示，教师应该选择最简明、实用的图示，发展学生的概括能力、形象思维以及抽象思维的能力。

第二，教师使用的图示符号与格式等应该实现统一，这样便于学生阅读。

第三，应该将图示法与讲授法结合在一起。图示是对历史内容的概括和提炼，不能代替教师的讲授，所以图示法应该与讲授法配合使用，作为一种辅助的教学手段进行教学。教师只有把图示法和讲授法有机地结合在一起，才能取得良好的图示效果。

第四，使用图示法时应该注意内容的准确性，防止使用错误知识，令学生发生知识混淆和错误。

第五，图示使用适量。历史学习应该是逻辑思维和形象思维的辩证统一。图示旨在表现历史内容的逻辑联系。这就有可能使一些与图示关系不大或者无关的历史知识被漏掉，造成知识的空缺。如果教师在设计图示时，忽略了学生的实际接受能力和所教内容的特点，只贪图形式新颖，在黑板上摆出了一堆图和框，结果不但不能帮助学生掌握历史知识的内涵，反而会使学生越学越糊涂，使原本抽象的知识更加抽象。若只让学生得到图示上的几个干巴巴的线索、结论，则不符合历史教学的要求。所以，教师必须兼顾教学内容的特点和学生的实际，在使用时应该适量适时，同时与其他教学方法有机地结合，吸取传统教法中的启发性、生动性、量力性和历史美等原则的精华，使学生在丰富的历史知识中受到启发，上升到理性认识，得到美的享受。

三、讨论法

讨论法是一种传统的教学方法，是指在教师的引导、组织、参与下，由两个或两个以上的学生组成小组，然后就某一个历史问题进行分享与讨论。在这个小组活动中，学生之间就这个历史问题的解决方法可以进行相互批判，通过辩证与分析获取知识，形成历史认识。讨论的目的主要包括四个方面：①讨论法可以帮助参与讨论的学生对正在思考的论题形成更加具有批判性的理解；②讨论法可以提高学生的自我意识以及自我批判的能力；③讨论法可以培养参与讨论的学生对不断出现的不同观点进行正确批判的能力；④讨论法帮助参与讨论的学生理解外部世界的变化。讨论是实现学生互帮互助、培养学生情感和发展技能的重要手段，教师只有满足以上这几个要求，才能够真正实现民主和谐的历史教学。

（一）讨论法在历史教学中的应用

现在有很多历史认识与见解没有形成统一的定论，培养学生的历史思维能力也成了历史教学的一个重要目标。教师应该让学生在具体的知识情境中，认真辨析历史史料以及各家观点，使其形成自己的历史认识。在历史教学中适当应用讨论法，有利于确定以学生为本的教学观念，激发学生学习历史的兴趣，并且不断培养与提高学生的口语表达能力与独立思维能力。根据不同的分类标准，讨论法有不同的类型。从内容上来说，历史课的讨论法有两种：一是在讲授新课的过程中，教师组织学生对教学重点和难点知识进行的讨论活动；二是实地调查或参观访问后，教师组织学生就调查访问中的新发现、新问题进行的讨论。从形式上来说，历史课堂的讨论法有：一是全体学生都参与进来的班级集体讨论，这种讨论方式比较适用于人数少、学生素质接近的小班教学；二是小组讨论，教师将全班学生分成不同的小组，使其以小组的形式参与讨论，这是最常见的讨论形式。有研究表明，如果一个小组内部的人数过多，便会降低学习质量，所以每组 5～8 人是最为适宜的。另外需注意的是，如果小组成员的个性比较接近，关系又比较亲密，他们就很可能在讨论中展开与教学活动无关的活动，导致讨论效果欠佳。而当学生的性格差异较大时，虽然他们很难形成牢固的小组关系，但是对于一些理解与综合性质较高的题目，讨论效果较好。除此之外，小组领导者对于小组讨论结果有着十分重要的影响，教师可以让小组自选，也可以由教师推荐，师生共同协商决定。在讨论中，教师的主要职责是负责指导、组织与提供信息，做好课堂小结，同时可以适度参与讨论。

（二）使用讨论法时的注意事项

教师在使用讨论法的时候，要注意下面几个注意事项，只有如此才能够保证讨论法的顺利实施。

第一，师生应该做好充分的讨论准备。在开始讨论前，教师作为讨论的设计者和指导者，要设计好讨论的题目，也要想好在讨论过程中可能会出现的突发情况，做好周全的准备。教师应该帮助学生做好讨论前的准备工作，要求学生提前预习要讨论的内容，做好准备工作，查找与讨论问题相关的课外参考资料，提前准备好关于讨论主题的发言稿。

第二，教师是学生讨论的引导者和组织者。教师在讨论时不可以把自己的观点与看法强加给学生，而是要启发、引导学生对这些问题的积极思考，并且鼓励学生踊跃发言。教师还应该让每个学生都参与到讨论中。另外，教师还应该控制好讨论的范围、时间和课堂气氛，避免学生在讨论过程中出现跑题、离题的情况，控制好课堂的讨论气氛，可以帮助学生积极地进行讨论，防止浪费课堂时间，避免讨论流于形式或者散漫无序。

第三，教师要提高组织讨论的能力。教师利用讨论法获得良好的教学效果的前提和保证是善于设计问题、解答问题、组织发言等。

四、探究教学法

（一）探究教学法的定义

保罗·伦思登说过："大量调查显示，很多学生十分熟练地掌握了复杂的常规技能……很多学生已经拥有了大量的详细的知识……很多学生考试能够及格……但当向他们提出简单的探索性问题以检验内容掌握的程度时，很多学生都无法证明他们已经理解了所学的内容……学生因为接受教育而转变固有观念是'较为少见、难以为继且局限于特定情境的事件'。"弗吉尼亚·李在《教学与探究式学习法》一书中将探究性教学模式定义为："让学生调查复杂题目和问题以促进学生学习的一系列课堂活动，这些问题通常没有标准答案，活动可在教师指导下开展，但学生独立研究的情况也在不断增加。"

美国国家科学教育标准认为，探究是多层面的活动，包括观察，提出问题，通过浏览书籍和其他信息资源发现什么是已经知道的结论并制订调查研究计划，根据实验证据对已有的结论做出评价，用工具收集、分析、解释数据，提出解答、解释和预测以及交流结果。探究要求确定假设，进行批判的和逻辑的思考，并且考虑其他可以替代的解释。上海市教育科学研究院智力开发研究所的陆璟认为，探究性学习指的是仿照科学研究的过程来学习科学内容，从而在掌握科学内容的同时，体验、理解和应用科学研究方法，掌握科研能力的一种学习方法。探究法，是指教师要善于从情境之中提取问题，催生出学生的好奇心与探究欲，引导学生主动挑战问题，从而使其主动学习、主动思考，并在这个过程中习得历史知识，同时能够提升学生的学习能力，加深情感认知。

（二）探究教学法在历史课堂中的设计要求

第一，教师要以探究问题为目的。历史探究教学的真正意义在于教师要促使学生主动发现问题、分析问题与解决问题。

第二，教师要以训练学生的思维为核心内容。由于每个人都是不同的，每个学生对历史的认识也是不同的，所以探究历史问题并非是为了寻求一个固定的答案，而是教师要指导学生利用历史资料，分析历史事件的因果关系，从而训练与提高学生的思维水平，培养他们的历史思维意识。

第三，以学生的自主学习为形式。只有让学生积极、主动地探究历史知识，才能够保证探究教学法在历史课堂中的真正应用，才能够提高学生的理解能力、创造能力等。

第四，教师要以运用史料为条件。学生认识历史的途径是历史资料，他们获取历史资料的过程也是掌握历史学习方法的过程。在历史课堂中展开探究教学法就是指让学生收集、整理、辨析、推论历史资料，并且将其当作探究论据，以此来解决历史问题。因此，整个历史探究过程都需要历史资料的支持与运用。教师所选择的探究材料要对学生有足够的吸引力，同时，还应满足不同层次的学生的学习需要。另外，教师所选择的材料应留有余地，即具有开放性，鼓励学生从不同的角度进行探究。

第五，教师发挥指导作用。历史探究学习是一种能够充分发挥学生学习的积极性、主动性和自主性的学习过程，学生需要的是教师的指导与帮助，教师的职责是为学生提供帮助。在探究式教学活动中，教师不能够干涉学生的学习思路，而要鼓励学生主动发言。

（三）探究法中存在的问题

探究学习，不仅能够转变学生学习历史的方式，还能够通过这个转变彰显学生的个性。然而，探究性学习需要良好的教育环境、教师教学观念的转变以及教学技能等的支持。如果教师依然坚持传统的教学观念，使用单一的教学技巧，那就势必会在实施问题探究法时出现一些问题。

1. 设定的目标不够清晰

学生的情感体验、学习方法习得和知识的获得等都离不开学生的探究过程。但是，问题探究法并不代表一整堂课都需要学生的主动探究。如果将探究贯穿于历史课堂的每分每秒，势必会影响教学进度，还会耗时耗力，使教学目标变得模糊，学生也分不清教学的重点和难点，从而使高效变低效。这样一来，学生的探究热情也会逐渐被消磨殆尽。

2. 探究流于形式

在现在的历史教学活动中，学生所展开的探究活动并非围绕他们感兴趣的问题，也并非围绕一些能够与他们认知结构产生碰撞的问题的。这导致了问题探究活动流于形式，教师所设计的提出假设的环节也只是走个过场，学生假设求证的过程也在教师的引导下变成了证实某个结论的活动。从探究本质上来说，这种探究活动是没有意义的。新课改以来，历史课程的教学样式由单一的课堂灌输转变为"确定教学目标—创设教学情境—展现问题—启发讲解—师生互动—分析问题—师生归纳—达成共识"。但是，这种教学方式虽然能够使师生之间的交流与互动更加密切，但是从本质上来说依然是接受教学。因为教师提供的学习资料比较单一，他们常常会将学生的思考方向与结论引到教科书之中。同时，即使一些教师在历史课堂上利用计算机课件进行辅助教学，那也是以教师的教为主的，也属于直接教学样式。这些教学活动都不属于探究式教学。

3. 忽视提炼

在教学中，问题探究学习活动低效的原因在于教师在引导学生提炼知识时出现了一些教学误区，主要有以下几点。

第一，忽视推广。没有及时从具体的新知识出发，也没有思考这个探究活动能够得出什么结论。

第二，忽视概括。没有及时概括与总结新知识与原有知识的衔接，对于新知识与原有知识之间的内在联系与学习规律的总结不到位。

第三，忽视创新。忽视了在新知识与原有知识之间建立新的联系，也没有思考这个探究活动是否与其他新知识有关系。

第四，忽视迁移。忽视了将原有的认知规律迁移到与其密切相关的新知识之中，或者忽视了将新知识纳入学生原有的知识体系之中，忽视了运用新知识解决实际问题的能力培养。

第五，忽视激活。忽视了补充、归纳、整理、领悟新知识及其规律，使学生被动运用知识，不能灵活掌握学习知识、迁移知识。

（四）运用问题探究法的策略

要想解决问题探究法中的问题，教师就需要不断更新教学理念，调整自身的教学策略和教学方法，真正让学生能够通过探究来获得发展。总体来说，教师可以从以下几个方面来把握问题探究法的教学策略。

1. 提出问题

问题是问题探究法的起点，在提出问题的时候，教师要考虑学生的"最近发展区"，只有符合这一特点的问题，才能够在学生的新知识和原有知识之间建立认知冲突，从而使学生进入"心愤而口悱"的状态。问题的难度要大于学生的个人学习能力，这可以促进合作探究的实现；问题要通过学生的合作探究得出答案，保证小组合作教学的成功。一个有价值的问题可以引发全体学生的探究欲望，这是蕴含着不解、猜测以及思维的活动。而探究欲望可以让历史课堂"动"起来，体现师生教学的活力。

2. 做出假设

假设是一种猜想，是对问题的答案或结论的推测，这可以为学生解决问题指明方向，也是问题探究法的基本环节。假设除了包含直觉的判断之外，还包括理性的思考，它是学生展开有效探究活动的开端。假设与猜想，可以让学生将事情的来龙去脉掌握清楚，能够大大提高学生的抽象概括能力、直觉思维能力等。

3. 亲身体验

探究学习，强调的便是学生的亲身体验与感悟。在探究中，学生亲身经历提出问题、提出假设、提出推断、进行检验、小组交流、教学评价等多个环节，展开有效的分析、综合、比较、抽象、概括等活动，能够建立起真实而丰富的认知体验，从而深刻认知相关知识。

4. 提炼学习规律

探究学习的价值，并非只是为了解决具体问题，而是希望学生能够在探究中获得发展。而最重要的一点是学生要学会提炼认知规律，教师要指导学生在新知识与原有知识之间建立联系，并进行归纳、整合，从而注意规律的特性，使隐性规律显性化，从而拓展探究成果。

（五）历史探究教学法的类型

一般而言，学生的学习行为可以分为接受学习与发现学习。那么，围绕着学生的学习活动，教学形式主要可以分为两类：一类是以教师为中心的直接教学样式；一类是以学生为中心的间接教学样式。直接教学就是以教师为中心的教学，教学的内容、技能、进度等都是由教师掌控的，课堂教学也是为了传播知识而展开的。间接教学是以学生为中心的教学，主要是通过学生的探究、自主、合作等学习方式来进行的教学形式，允许学生选择学习经验的形式与材料，所以也被称为"非指导发现学习"。

有意义的探究式教学有着几个突出的特点：教师不再局限于对课本的结构、层次、线索等的一般梳理，不再以照本宣科的方式来进行教学，而是创新性地整合教材内容，使历史课堂更加符合学生的学习需要，从而使他们更高效地学习历史。"学生的学习过程不仅是一个接受知识的过程，也是一个发现问题、分析问题、解决问题的过程。这个过程一方面是暴露学生产生各种疑问、困难、障碍和矛盾的过程，另一方面是展示学生发展聪明才智、形成独特个性与创新成果的过程。"而探究式教学模式下的学习活动是学生主动学习的行为，是组织与重新组织认知结构的过程。在这个过程中，学生的学习经历、体验等十分重要，这也是学生自我认识、自我发现、自我探索的基础。

根据课堂的探究教学形式来说，探究式教学法可以分为指导性探究与开放性探究。指导性探究是指探究是在教师的指导之下，教师要为学生提供信息数据，向学生提问，帮助学生总结与归纳出问题的办法。开放性探究是指由学生提出解决问题的办法，搜集数据资料，进而得出结论。在开放式探究法下，学生有着更多的自主权，同时也要为自身的学习活动担负更多的责任。指导性探究与开放性探究的主要区别在于：教师在教学中的介入程度不同，收集资料的收集者与提供者不同。在指导性探究活动中，教师是资料的提供者；在开放性探究活动中，学生是收集资料的主动者。

一般来说，历史课堂中的探究教学法的操作程序是这样的：师生确定探究问题—形成假设—设计探究方案—收集资料—分析与解释信息资料、验证假设或做出解释—师生、生生交流信息与结论—得出结论。为了保证探究式教学法在历史课堂中的有效应用，教师所提供的资料一定要足够全面。如果教师在教学中提供的资料过于单一、片面，那么学生是不可能通过探究形成正确的认识的。因为历史资料只是推理的证据，而不是历史。教师应该将这些历史资料放在具体的历史背景下，并且让学生学会如何使用这些资料。

另外，发现问题往往比解决问题更加重要，要想让学生发现问题，他们就必须参与到收集、探究资料的过程之中。大多数情况下，历史课堂都是由教师提供某些资料数据的，学生几乎从未自行收集过资料，所以这只是一种指导性探究活动。在开放性探究活动中，学生能够决定自己的学习方向，并且通过一些值得探究的历史问题进行设计、假设，然后从事收集资料、分析信息等活动，进而得出结论。在这个过程中，收集与分析资料显得十分重要，同时这也是培养学生的创新思维与解决问题能力的关键步骤。在收集与分析信息活动结束之后，教师还应该让学生汇报调查结果，以便在课堂上进行讨论，共享信息。显而易见，开放性探究活动对学生的批判性思维与归纳分析能力的要求更高。开放性探究要求教师根据教学要求，灵活确定学生的自主探究方向，并且将学生分成不同的探究小组，然后让学生通过探究小组的合作，从事收集信息、分析问题等活动，使其尝试并体验解决问题的过程，最终形成具体的结论。这个结论可以是解决问题的具体办法，也可以是对问题的概括与说明。这种探究教法对教师的要求较高，教师的作用是为了辅助、指导学生，促使学生的探究活动变得更加容易。教师应该为学生提供探究材料所需要的网址、参考书、光盘等，并且为每个小组发一份评估表，以便对学生的自主探究行为与结果进行评定。教师应该鼓励每个小组成员都能够参与到探究工作中，监视小组工作的具体进展，观察是否有学生没有办法解决的问题，及时提醒学生与其他成员进行交流与讨论。另外，教师也应该为学生提供学习提示，如教师自己的研究提纲，让学生进行学习模仿。

实践研究表明，指导性探究更适用于学习概念原理，开放性探究更有利于培养学生的探究能力，教师应该根据具体情况灵活选择相应探究类型。

（六）历史探究教学设计

1.确定探究教学目标

历史探究教学目标有层次与类型的差异之分，要在一堂课或者是一次探究活动中实现所有的教学目标是不可能的。历史探究学习主要是培养学生运用所学知识解决新问题的能力，要求达到下面几个能力目标：认识猜想与假设在探究中的重要性；学会收集材料、分析材料，并利用这些材料解决问题；能分析假设与探究结合之间的差异，解决探究中未解决的矛盾，并且改进探究方案；能从历史现象中发现问题与解决问题，提高相关能力；了解并掌握历史探究方法；学会与他人进行分享与合作；理解"史论结合""论从史出"，并且使用史料进行推理；准确表达自己的观点，并且为自己的观点提供有力的证据，等等。

在设计历史探究目标的时候，教师要根据学生的具体特点，考虑教学大纲以及具体的教学内容，由浅入深、循序渐进地展开探究活动。教师可以根据历史课程标准、历史教科书以及教学资料等多种教学资源，设计出一个合理的、科学的探究教学目标，并且考虑学生的认知水平与学习能力，使教学目标成为具体的、可以在学生的探究活动之后达到的学习目标。

2.设计探究内容

历史课堂的探究内容应该根据教科书中一些具有争议性的问题、学生的学习难点、历史发展客观规律等问题展开探究，这些内容一般都与教学的重点内容有着十分紧密的联系。在选择探究内容的时候，教师应该坚持适度原则，难易程度与探究时长都应该做到适度。教师所选择的探究内容应该符合学生的"最近发展区"的水平，保证学生在历史课堂中一直处于积极的探究状态，并且要优先考虑教学的重点内容，也要适当为学生提供能够拓宽他们的学习深度与广度的学习资料。

3.选择探究教学资源

历史课堂的探究教学主要是围绕探究问题，并且以史料阅读与批评为主的教学方法，整个过程是收集、鉴别、分析与形成结论的过程。历史资料在探究教学中的地位不可替代，是保证整个探究活动的效率与质量的基本因素。因此，教师必须重视对探究资源的选择，实践史料的多样化、典型化、矛盾化。如果教师能够为学生提供具有矛盾性的历史材料，就能够让他们产生认知冲突，也能够激发他们的探究热情，从而使其更好地理解历史价值。

4. 选择教学策略

设计与选择教学策略的目的是实现探究教学的最优化。一般来说，教师在历史探究活动中可以考虑六个教学策略。

第一，时间策略。教师在制定教学策略的时候，一定要考虑教学时间与教学效率。优良的教学策略具有高效低耗的特点，在规定的时间内，学生的整个学习情绪十分愉悦、积极，同时也能有很好的收获。另外，要想顺利完成历史探究任务，教师还应该精心安排教学时间，如问题形成时间、学生分组时间、任务分配时间、学生探究时间、展示时间。同时，教师也应该把握课堂的教学节奏，估算每个教学环节所需要花费的时间，预料学生可能出现的问题，制订应急方案，让学生清楚地掌握学习目标，进而减少时间的消耗，为学生留出充足的探究时间。

第二，选择探究形式。教师在展开探究教学之前，首先要明确的便是探究学习的形式。历史探究的形式包括课内探究，课外探究；独立探究，小组合作探究；师生合作探究，讨论式探究等。教师应该根据具体的教学需要进行选择。

第三，分组策略。在展开小组合作探究活动的时候，教师应该按照班级的学生人数、学生认知等进行合理的分组，一般是每组 5 ~ 8 人。因为人数太多就会难以组织，影响讨论效果，人数过低，则难以进行讨论。在分组的时候，教师要坚持"组内异质，组间同质"的原则，每个小组内部的水平是大致相等的，小组内部的学生也应该在性别、能力、个性等方面存在区别。另外，教师还应该帮助每个小组明确小组合作的基本原则，帮助他们设定小组学习目标，明确小组成员职责。

第四，设计问题策略。探究问题要尽可能地激发出学生主动探究的兴趣与欲望，并且要有利于培养他们的发散思维。历史教学中的问题可以分为封闭式与开放式，其中探究问题属于开放式问题，没有固定的答案，也没有唯一的结论。因为只有在结论不明确的时候，学生才会产生弄清事情真相的欲望，进而主动寻求问题答案。因此，这种方式有利于开发学生的思路与视野。而封闭式问题有着明确的结论，会限制学生的思维，整个活动的探究意义不明显。除此之外，探究问题还应该具备一定的挑战性，因为如果学生没有经过太多思维活动就找到问题答案的话，也无法达到探究目的。

第五，环境设计策略。融洽的课堂气氛是探究教学的重要条件，这是因为学生只有在民主、轻松的课堂氛围中才会进行独立探究，并且勇于发表自己的见解，才能够实现自主探究与自由创造。因此，教师必须为学生创设一个民主、平等、开放的学习环境。

第六，预设策略。教师应该提前预想在探究教学中可能出现的问题，从而做好准备工作。比如，教师在设置问题的情境时，要考虑这个情境是否能够激发出学生的学习兴趣，如果不能的话，应该采取哪些补救措施；当学生的假设与真实结果之间的偏差过大的时候，教师应该怎样指导；在学生验证假设的过程中，史料不够充足的时候，教师应该如何解决。教师应该反复揣摩教学的各个步骤，设计清晰的探究流程与类型，宏观把控整个课堂教学。

五、情境教学法

历史情境教学法是教师根据教学目标以及教学内容的需要，借助一定的教学手段，模拟创设历史场景或历史情境，让学生融入情景进行历史体验，并且围绕具体的历史材料展开积极的思维活动，可以培养与发展学生历史思维能力的一种教学方法。情境教学法是指历史教师根据历史的过去性、复杂性、社会性等特点在教学过程中综合运用多种教学手段，积极创设历史情境，将历史"复原"，使那些久远的、陌生的历史"重现"在学生面前，以鲜明的导向烘托气氛，营造情境，寓教于"情"于"境"，使学生在身临其境、心感其情的状态中达到主动地学习历史知识，发展分析、解决问题的能力，提高思想觉悟的一种教学方法。

情境教学法以历史教学内容为依托，以教学目标为导向，以教师为主导，以学生为主角，综合运用形象讲述、实物展示、图像再现、情景创设、课外模拟等多种教学手段，把枯燥、干瘪、抽象的知识变成一幅幅真实的、有血有肉的历史画卷活灵活现地展现在学生面前，使学生在"耳濡目染"的历史事实中，加快接受速度，对史实掌握得更深刻、更透彻、更准确，在直观感性的基础上易于培养抽象思维，逻辑思维，灵活地运用知识分析材料、归纳、提炼观点的能力，即在思维上由形象思维向逻辑思维转化，在智能上由掌握知识向创新知识转化。同时，能激发学生的学习动机和求知欲，培养学生具有实事求是、独立思考、勇于创新的科学精神，促进非智力因素的发展。学生在"当时"的历史氛围中，将主观情感移入认识对象中去，能达到主动体验历史的目的，增强识别美、丑的能力和客观评价历史事实、培养爱国主义的真挚感情，树立为真理而献身的精神。

（一）历史教学中创设情境中的问题

1.问题情境过于随意

随意的、粗糙的、不讲究质量的问题只能流于形式，并不能达到良好的教学效果。在教学情境中，问题的质量直接影响着教学效果。但在现实教学中，很多教师在设计问题情境的时候并没有考虑问题的层级、难度、角度等，没有考虑学生的学情，所设计的问题要么超出学生的认知范围，要么过于简单而无法满足学生的认知需要，所以这些问题无法促进学生的思维能力的提升。此外，很多教师过于重视识记型问题，忽视了理解型与评价型问题。

2.教师的知识过于陈旧

随着新课改的不断深入与教学方法的改变，历史教育对教师的要求越来越高，尤其是在构建问题情境的时候，需要教师为学生创设一种有利于学习的课堂教学条件与教学环境。那么，教师如何才能构建出有效的问题情境呢？这就需要教师不断接受再教育，逐步提升自身的知识水平与业务水平，同时要及时反思、总结自己的教学经验。如此，才能够更好地掌握课堂教学活动。但是，很多教师过于依赖以往的教学经验，整个知识结构过于陈旧，无法真正满足现代学生的学习需要。

3.与新课改的理念不符

有调查研究表示，目前历史教学的教学方法依然是以学生的被动接受为主，学生真正通过自身实践来获取知识的机会比较少。以教材为中心的教学理念压制了学生的创新思维与发散思维的发展。比如，在展示教学目标的时候，教师会将教学内容分成几个部分，学生自学以后回答大屏幕上所展示的问题，教师再借助幻灯片来验证学生的结论，这种教学方式从本质上来说并没有改变传统的"满堂灌"的教学方法。

（二）创设历史问题情境的方法

1.合理使用历史资料

"论从史出"一直都是学习历史的基本方法与原则，历史教师更应该从浩瀚如海的历史资料中挑选出符合具体教学需要的资源，这也是每个教师的基本技能之一。在历史教学中，教师要善于使用文字、图片等多种历史资料，帮助学生还原历史事物的发生情境，让学生能够身临其境，设身处地地思考历史问题。

历史研究的主要特点是参与研究的所有人员不能直接接触、观察具体现象，必须通过史料来认识客观历史。因此，史料是学生学习与研究历史的重要依据，而学好历史的前提也必须建立在真实、全面、充足的史料之上。要想保证历史教学的科学性、真实性，教师也必须从史料出发。

（1）史料的特点

第一，多样性、复杂性。史料是人类根据自己的社会实践活动，并在这些活动中保存下来的实物、文字等多种资源。具体可以分为文献、档案、报刊、回忆录、前人著述、声像资料、遗址遗迹、器物、口碑资料、乡土民俗等。人类自诞生以来，就创造了丰富的物质财富与文化财富，尤其是近现代以来，随着报刊业的发展，报刊文献等极为丰富，这大大丰富了史料资源，同时，也为教师选择合适的史料增加了一定的困难。

第二，主观性。历史主要有两层含义：一个是人类的往事；一个是对这些往事的记述与研究。历史上发生的事实都是客观存在的，这是对历史含义的第一层探讨。从历史的第二层含义分析，历史也具有主观性。因为历史文献、史料等都是前人的经历与传闻，或者是他们对所见到的史籍、档案的引用、评析、解释等，而这些或多或少都会包含记录者、著史者的个人感情与主观见解。因此，从本质上来说，史料中包含着一些主观内容，这自然就无法避免错误的生成。

第三，史料的模糊性。有些史料所反映的信息并不连贯，是一些单独的历史片段，并不能直接、全面地反映历史活动与意识活动，所以教师需要利用一些比较系统的文献史料来认识这段历史。"如果离开文献史料的帮助，我们往往难以辨识遗物或文物的作者及有关人物，无法界定它是什么历史时期的产物，甚至无法破译它所反映的历史事件，无法弄清它与什么历史事实相关联等。"

第四，残缺性，有限性。虽然人类有着五千多年的文明发展史，但是历史的原貌无比丰富、多彩，人类是无法全面记录的。因此，史料也并非全部是真实可靠的，史料记录者也不可能事事亲历，甚至有些史料是他们听到的传闻。而且，在保管史料的时候，人们需要屡次传抄，这容易造成文字的讹、衍、缺、脱。另外，编纂者与统治者也会由于某些原因伪造、篡改、损毁一些史料，造成史料的残缺。这就使得许多历史事件、历史人物的真实面貌变得更加扑朔迷离。

（2）收集史料的方法

第一，检索法，即利用各种文献检索工具搜集史料。文献检索工具有辞典、类书、政书、书目、索引、年鉴、电子检索软件等。检索工具是专门指明文献的出处和内容线索的工具书，主要有书目、文献、索引三类。在利用检索法的时候，可以使用顺查法、逆查法和抽查法。顺查法就是根据检索内容的要求，分析所要查找资料的起止年份，利用检索工具由远到近地逐年查找；逆查法就是由近到远地进行回溯查找；抽查法就是针对学科发展的特点，选择若干年份逐年检索文献。人们在使用检索法的时候还可能用到一些检索途径。其中，利用目录、版本和史书辨伪是最重要的收集史料的方法，尤其是在学习历史的时候常常会阅读大量的史书典籍，这也需要人们利用检索法来查找最合适的书籍。

第二，追溯法。追溯法也被称为参考文件查找法，即利用某个文章或专著末尾的参考文献，追踪查找相关文献，进而再查找一些新的参考文献。这种方法不需要具体的检索工具，操作起来比较容易，所以是一种最常用、最实用的方法。

第三，专家咨询法。专家咨询法是向熟悉的专家说明自己所需要的文献资料，在他们的帮助下收集信息。

第四，网络搜集法。上网搜索是人们在搜集资料的时候最常用的一种搜索方式，但是网上的资源良莠不齐，需要人们仔细辨别这些信息的真伪。

（3）分析与整理历史资料

第一，整理。在查阅到具体的文献以后，教师可以将这些文献进行摘录，如标明出处，包含书名与论文题目、作者、出版单位、版本等，然后按照顺序进行排列与归类。首先，教师要筛选史料。教师应该将自己收集的文献分为必用、可用、备用、不用几个部分，以保证史料的质量。其次，教师要摘录有用的信息，即教师应该摘录文献中的精彩之处，以便日后引证。再次，教师要进行提要，即面对一些过于繁杂的史料，教师可以对资料的基本内容、主题思想等进行概括。从次，教师要根据自己查阅史料的过程，记录阅读新的内容。最后，教师要进行剪贴，这主要是针对过于冗长的资料的做法。另外，教师可以进行复印，这主要是针对一些借来的书籍，教师无法在短期内完成摘抄，所以可以进行复印以便保存与利用。

第二，加工。教师通过考证法、辨伪法、校勘法、训诂法等鉴别史料，去伪存真，并且抛弃一些过时的材料，这就需要教师写批语、做记号、写提要、做札记、写综述。

第三，分析与解释。经过鉴别加工以后，教师还要对这些史料进行分析与解释，才能够提取有效信息。

（4）史料的教学应用

第一，尝试让学生独立收集史料。历史课程标准指出要让学生掌握收集资料的方法，但是在实际的教学中，收集史料的工作都是由教师完成的，学生很少参与。即便部分教师会让学生参与史料的搜集过程，也会过于强调网络资源，忽视纸质文献资料的收集与图书馆的借阅作用。学生掌握研究历史的方法是他们深入学习的基础，也是他们独立解决问题的出发点，教师必须让学生亲身体验，才能够不断培养他们的创新能力和动手实践能力。那么，学生如何才能够根据自己的学习需要收集史料呢？首先，学生应该了解与明确历史与史料之间的关系，了解史料的特点，这可以使其认识到并非所有的史料都值得学习。其次，学生要了解史料的基本构成与不同的史料的价值，了解史料的相互关系。最后，学生要学会查找史料，辨析史料。这包括他们如何收集资料、如何利用各种书目以及检索工具、如何判断资料的可靠性、如何综合资料进行分析等。

第二，辨析史料。学习历史需要真实的历史资料的支撑，包括史料的搜集、整理、鉴别、分析与理解。其中，整理与分析史料包括两个部分：一是鉴别与选择史料；二是分析史料。辨析史料的方式有两种：一是从资料的来源入手；二是考证史料所记载的内容是否真实地反映了历史事实，史料本身是否存在自相矛盾的地方，是否能够通过其他史料验证这份史料的真伪等。很多教师认为，大多数的学生并不会从事历史研究工作，让他们学习辨析史料比较浪费教学时间。其实不然，让学生学会辨析史料并非只是为了培养一批历史研究工作者，还是为了让学生以历史学家的思维来思考历史，使其更好地理解史料，并在未来的工作、生活、学习中利用历史思维分析解决问题。

第三，史料要足够全面。现在有很多教师只是利用少量的史料来验证教材中的观点，或者是用现成的结论来套用史料，这种做法并不是"论从史出"。运用史料并不只是为了补充教师的讲授，或是让学生进行应试训练，而是为了加深学生对历史的理解，培养他们的历史思维。因此，教师要尽可能地为学生提供详尽的历史资料，并用这些历史资料来验证历史事实。如果学生能够真正懂得"论从史出""史论结合"，那么他们的思考角度就会更加全面，并且会在具体的时代背景下来分析问题，同时也能够以发展性的眼光来看待历史，进而形成正确的认识。

第四，在实践中使用史料。历史认识主要是学生通过对史料进行分析、理解、解释，从而形成历史认识的过程，而这些学习活动都依赖于学生自身的推理、推断等，并且需要经过抽象与比较、归纳与演绎、分析与综合才能够得以吸纳。因此，学习历史不能够停留在搜集史料的层面上，还需要深入揭示历史现象的本质，研究历史的客观本质，不断发展学生的历史思维与认识能力。成功的教学不仅要让学生知道是什么，还要让学生学会探究为什么以及怎么做。因此，教师必须注重指导学生进行批判性阅读，让学生发表自身的见解。同时，教师也要教给学生具体的思考、解决问题的办法，如逆向思考、纵向与横向思考、多角度思考、换位思考。

第五，史料教学要使用探究形式，让学生掌握探究方法。历史研究对象已经消失，只有让学生掌握探究史料的科学方法，才能够使其正确地认识历史。

第六，史料没有固定结论，也需要有时间保证。对于同一个历史史料，历史学家根据自己的知识背景、观念、理解等，对这些史料做出自身的逻辑判断与推理。只要有合理的论证，这个结论就可以被认可。在历史教学中，学生也必须树立这样的观念，才能够充分发挥自己的想象能力与思维能力，形成历史认识与历史见解。必须让学生懂得，课本（或书上）、老师讲的是历史又不是历史，是前人对历史的修复、理解和与历史的对话。

2.利用案例创设情境

在历史教学中，使用案例不仅可以创设情境，激发学生学习的兴趣，还能够使其学以致用。

3. 巧用影视资源设置教学情境

很多影视资源都可被当作现成的教学资源，影视资源的种类与内容虽然繁多，但是不可以随便使用，教师必须根据具体的教学任务选择相应的影视资源来创设情境，这是一种深受生欢迎的教学方法。

4. 利用技术创设情境

历史的教学资源十分丰富，教师可以在历史课堂上通过展示丰富多彩的图片、设计精美的课件或播放悠扬的音乐等，为学生构建出多姿多彩的教学情境，从而激发学生学习的兴趣。

六、重视学习指导

转变学生的学习方式也是本次新课改的一个重要目标，新课改明确指出学生才是学习的主体。因此，教师要将学生从被动、机械、个人的学习中解放出来，使其敢于探究，培养学生的自主学习、合作学习、探究学习的能力。在实施教学方法的时候，教师要重视对学生的学习指导。

（一）教师要引导学生实现自主学习

自主学习是就学生的内在品质来说的，自主学习的过程就是让学生自主协调学习系统中的各个学习要素，使其发挥最大的功效，从而提高学习效率。在历史教学中，教师应该如何引导学生实现自主学习呢？

1. 激发学生的学习动机

学生是自主学习的主体，主体性要求学生本身产生一种主动学习的需要，一种强烈的求知欲望，一种学习的主体意识，也就是学生要产生主动学习的动机。因此，激发与维持学生的学习动机是教师所要考虑的重要方向。

第一，创设情境，改善教学环境。在历史教学中，教师可以通过创设直观的情境、问题情境等改善教学环境，为学生提供可支配的教学资源，从而激发他们的学习动机与兴趣。

第二，通过认知强化动机。这个方法主要是使教材中的新知识、新内容与学生的已有生活经验与原有知识结构中的知识体系建立一个良好的联系，使学生的认知得以发展与深化，从而强化他们的学习动机。

第三，增强学生的自我效能感，激发学习动机。如果学生能够产生良好的自我效能感，那么教师就可以帮助学生重塑自信，让他们确信自己有能力从事自主学习活动，这能够大大激发他们的自主学习动机。为了提高学生的自我效能感，教师可以从以下几个方面进行教学。首先，教师应该为学生创设成功的条件，使其享受成功的喜悦，从而逐步增强他们的自我效能感。其次，教师可以通过不断地提供反馈信息，并且采取一些矫正性的补救措施来鼓励学生，减轻他们的受挫感，帮助他们缩小差距，避免他们因为失败而失去自信。

2. 为学生提供自主学习的机会

受到知识、经验、个性、爱好等多种因素的影响，一些教师很容易对学生的认知过程的判断产生偏差，这种偏差会让教师对部分学生产生偏见。偏见往往会导致教师不相信学生，看不到学生的优点，看不到学生的自主学习能力，故而总是试图控制学生的学习活动。同时，偏见也会让很多学生的学习活动受到限制，使他们不敢放手自主学习。因此，教师必须消除他们对学生的偏见，为学生提供自主学习的机会与空间，相信学生能够学好历史。只有成了学习的主人，学生才有充分的自主权来选择与决定自己的学习活动。因此，教师应该让学生根据自己的兴趣爱好、知识经验、能力水平等来确定自己喜欢的学习内容及学习目标，并且选择适合自己的学习方法等，这一点在历史教学中显得更加重要。

3. 将时间与空间都还给学生

有了学习的自主权，学生还应该拥有属于自己的、可以被自己自由支配的时间与空间，只有如此，才能够保证学生进行自主学习。那么，在历史教学中，教师如何才能够保证将时间与空间都还给学生呢？这就需要做到：不讲学生通过看书就能学会的知识；不讲学生通过独立思考与合作探究学习就能理解的知识。另外，教师要善于精讲、引导和启发学生，尤其是对于学生在独立思考与合作探究后无法理解的知识。在讲授这些知识的时候，教师要尽可能地避免直接告诉学生问题的答案与结论，而应以点拨为主，为学生提供思考方向，引导学生不断通过自主探究与合作探究来找到答案。

4. 促使学生主动参与学习

自主学习是以学生的主动学习为基础的，如果学生没有主动参与到学习过程中，就谈不上自主学习。而只有让学生积极主动地参与到历史学习之中，才有可能落实三维目标的统一教学。因此，教师要在历史课堂中激发与引导学生进行主动学习。这就需要教师坚持以学生为主体的教学原理,让学生真正成为历史课堂的主人。

5.建立民主、平等的师生关系

平等的师生关系就是建立平等、自由、尊重、信任、理解、宽容的关系,充分尊重学生的学习自主性与人格尊严,从而促使他们的学习主动性、创造性得以进一步的发展。而良好的师生关系也是提高教学效率的前提与基础,教师要为学生提供多种参加教学活动的机会,让学生能够体验历史知识的生成过程,使其主动观察、分析、思考问题。教师要保护学生的自尊心与自信心,尤其是在学生犯错的时候,切忌体罚、辱骂、训斥、冷落、嘲笑、羞辱或当众批评学生。

另外,教师要及时赞美学生。教师不经意的一个眼光、动作或语句都会对学生产生难以估计的作用,尤其是教师的表扬与赞许会让学生受到莫大的鼓舞,从而使他们变得更加自信、积极。教师可以赞美学生独特的个性、兴趣、爱好、特长以及他们在历史学习中取得的进步,哪怕这个进步十分微小,教师也要赞美学生,肯定学生付出的努力,同时,要赞美学生在学习历史的过程中对历史结论或教师的讲授提出的质疑,以保护学生的创新思维。

6.让学生学会学习

展开自主学习就是要求学生要独立、自主地获取、处理信息,并且做出合理的判断,也就是让学生学会学习。古人曾说:"授人以鱼,只供一饭之需;教人以渔,则终生受用无穷。"因此,教师应教给学生科学的学习方法。

(二)教师要引导学生实现合作学习

联合国教科文组织提出了"学会生存"的教育口号,并且在报告中指出,现代教育的一个重要目标就是让学生在日益复杂与频繁的人际交往中掌握必要的人际交往能力,学会与不同背景、不同文化的人友好共处。20世纪80年代末期,联合国教科文组织在"面向21世纪的教育"世界教育大会中,极力倡导人类之间的关爱与合作。合作是现代社会人文精神的重要基石。合作学习有利于培养学生的合作意识与合作能力,能够大大提高他们的学习效率。合作学习方式是学生为了完成共同的小组任务,在明确的职责分工下进行合作的一种学习方式,与其相对的便是学生的个人学习。合作学习是以异质学习小组为基础的,强调的是学生之间的合作与互动,是以团队成绩为主要评价标准的。那么，在历史教学中，教师应该如何实现小组合作学习呢？

第一，进行合作讨论。即学生在小组内部就同一个历史问题进行讨论，阐述自己的观点与想法，认真倾听其他同学的看法。合作讨论有着几个基本要求：讨论前，每个学生都要进行独立思考，整理自己的看法；讨论中，小组内部应该进行角色分工，明确每个学生的职责，然后再进行讨论与交流；讨论后，每个小组的发言人应该将本小组的讨论情况、结论、观点等与其他小组进行交流。

第二，展开小组调查。即以小组为单位，所有的小组成员就某个历史现象、历史问题等展开社会调查。一般而言，调查的基本程序是：①确定调查主题；②小组合作商讨，共同制订调查计划，包括调查主题、目的、时间、调查者、被调查者、提出的主要问题、解决调查中意外的有效办法等，保证计划的可行性；③按照计划展开调查，做好调查记录；④共同整理调查材料，撰写调查报告，每一份调查报告都应该是全员认可的；⑤向全班学生陈述调查结果，展示调查报告，接受评估。

第三，组织"拼图法"合作学习。必须对这种类型的合作学习进行明确的任务分配，每个小组成员都应该占有独一无二的信息，每个角色都是特殊的，教师应确保每个学生都能够积极参与。在这种形式之下，小组成果只能够在所有成员都完成自己的学习任务的基础上才能够获得。

第四，展开团队竞赛。这种合作学习形式是以小组为单位所展开的多种学习竞赛。团队竞赛类的合作学习有小组间的历史知识竞赛、历史游戏竞赛、历史谜语竞赛、小组辩论赛等。虽然每种竞赛都有其明确的规则与要求，但所有的竞赛都有着一个共同的目标，即为了取得优异的小组成绩，每个小组成员都会积极参与。

第五，利用教材展开合作活动。新课标鼓励学生多展开合作学习，并为此创设了活动课程。在展开合作活动的时候，教师要考虑以下几个问题。①注意活动的可操作性：历史课程活动既要有学生的内在思维活动的支持，也要重视呈现学生外显的行为活动，即可操作的实践活动。②重视活动的自主性：以学生为活动的主体，自主制订计划，确定活动方式，选择活动伙伴，组织互动展开，参与活动过程，展示活动成果，进行活动评价。③注意活动的互动性与合作性：历史课堂活动是学生之间的交流合作活动，也是师生之间的合作与交流。师生之间要重视思考、经验和观念的共享，从而达成共识，实现教学相长。

（三）教师要引导学生实现探究学习

美国心理学家布鲁纳认为，"教一门科目，并不是希望学生成为该科目的一个小型图书馆，而是要他们参与获得知识的过程；学习是一种过程，而不是结果。"为了让学生参与到知识的生成之中，教师就应该多展开探究学习活动，让每个学生都能够学会学习，提高他们的思考能力与创造力。探究学习是学生主动发现问题，通过自主探究解决问题的一种学习方式，它并不十分关注学生的探究结果，而是强调学生的探究过程，并且使其根据自己的学习体验形成一种善于质疑、乐于探究的心理，以此提高他们的创新能力与实践能力。那么，教师应该如何引导学生展开探究学习活动呢？

1. 利用课本插图

现行的历史教材中配有大量的插图，教师要充分认识、研究并利用这些插图，不断启发学生发现问题、探究问题。

2. 利用虚拟情境进行探究

教师通过让学生扮演相应的历史人物，创设虚拟情境，便可以积极维持学生的学习积极性，也能够为学生创设一个良好的学习环境，促使学生的学习一直处于最佳的学习状态，所以深受学生的喜爱。不仅如此，这种探究方式也能够改变传统的学习方法，有利于开拓学生的视野，培养他们的创新精神。

3. 展开探究性学习应注意的问题

第一，让学生"跳一跳，摘桃子"。维果茨基提出了"最近发展区"这个概念，教师可以将其称为"跳一跳，摘桃子"的区间。教师设计的问题要让问题落在这个区间之内，因为问题太浅，学生"不用跳就能够摘到桃子"，那么就丧失了探究的价值；如果问题太难，学生"使劲跳也摘不到桃子"，那么学生就会失去探究兴趣，也不会达到预期结果。

第二，处理好自主与合作的关系。在探究学习中，合作学习是不可或缺的，良好的合作学习既省时又高效。但是只有让每个人都参与到合作学习中，让学生自主完成分工任务，才会产生集体学习的效果。否则，如果学生坐享他人的学习成果，那么就会出现"三个和尚没水喝"的情况。因此，探究学习首先要强调的是学生的个体探究，即使是在合作探究中也不例外。

第三，善于指导。在探究教学中，教师不能过多地干预学生的探究活动，但同时也不能放任自流，而是要从方法上进行指导与启发，循序渐进地指导学生提出问题、思考问题、搜集与分析历史资料、合理表述自己的看法等。

第六章 历史教学效果影响因素与优化策略

第一节 教学效果优化概述

一、教学效果优化的理论基础

（一）教学最优化理论

1.教学最优化理论的阐释

苏联教育家巴班斯基提出的教学最优化理论集中体现了其在教育思想研究方面的成就。巴班斯基是在遵循一定方法论原则的基础上提出这一教学理论的，包括对教学活动的科学指导原则、对教学过程的合理组织原则等。同时，该理论的提出也是基于对各方面教学因素的全方位考虑，如教学目的任务、教学规律、教学原则、教学方法、教学形式、教学条件等，在综合考虑这些教学因素的基础上，教师明确安排教学过程，选择的教学模式也最适用于整个教学过程，与现有的内外教学条件相适应，这便于教师更好地控制教学过程，使教学的最优作用得以充分发挥，在可能的情况下获得最大最好的教学效果。教学最优化理论的缺陷在于拟定了比较烦琐的优选程序，不够重视培养学生的创造力等。当然，要求某一教育思想或教育理论在任何一个时代都能在教学实践中发挥作用是不切实际的，我们应看到每个时代在特定背景下产生的教学理论所具备的科学性与普适性，然后在教学中有选择地运用这些思想与理论来指导实践，发挥它们的作用。

巴班斯基的教学过程最优化理论具有以下几个方面的含义。

第一，该理论的核心概念是"最优化"，这一概念具有开放性，与一般所指的"理想的""最好的"都有所不同。教学最优化理论中，在一定教学条件下师生通过共同努力而取得的最大成果就是最优化。师生都将自己的全部可能性发挥出来，因而使学生在规定教学时间内和已有教学条件下得到了最大发展，这就是最优化的教学结果。

第二，教学活动既包括教师教的活动，也包括学生学的活动，这两个活动同时进行，是辩证统一的关系。教学最优化要求对这两个活动同时加以科学组织。如果单单认为只要科学组织教师的施教活动就能达到教学最优化，那么说明对教学最优化理论的理解存在片面性。

第三，教学过程最优化是教师在教学中应贯彻的一项重要原则，不能将其看作是一种教学形式或方法。该原则要求教师在教学过程中对现有各种条件、方法予以全面考虑，在系统把握各项教学因素的基础上科学组织教学活动，合理控制教学过程，对最佳教学方案加以设计，避免教学的随意性、偶然性。

第四，组织师生的教学活动要遵循教学最优化原则，目的不仅是促进教学效率的提高，也是为了在现有教学条件下取得最佳教学效果，即获得最优化结果。开展教学活动既要考虑教学效率，又要考虑教学效果或教学质量，要尽可能以最小的消耗取得最优效果。

2.教学最优化的核心问题

（1）教学最优化的方法体系

实现教学效果最优化的方法的总和就是教学最优化的方法体系，这些方法是相互联系的。教学最优化的方法体系中既包括教师教的方法，也包括学生学的方法，教授方法和学习方法有机统一，且二者都必须是最优化的。这一方法体系强调师生要共同发挥自己的最大力量，从而共同促进教学效果的优化与质量的提升。需要注意的是，这并不意味着要给师生增加负担，而是要探索捷径，以最少的消耗取得最好的效果。教师在不同教学阶段要从本阶段的教学目标任务、教学内容特征及学生的实际学习情况出发对教学方法进行恰当选择，要善于优化组合不同的教学方法，最大化地发挥各种教学方法的功能。学生对学习方法的选择也很重要，所选方法要符合自己的学习特征，要有助于完成学习任务。

（2）现代教育技术的运用

新科技推动传统教育不断发展，使传统教育取得了良好的发展成果，其中就包括现代教育技术这一成果。现代教育教学过程与传统教育教学过程在根本上是密切联系的，但现代教育技术在教育教学过程中的使用更有助于达到教学优化的效果，这主要得益于教学资源更加丰富、教学媒体更加先进以及教学形态更加多元。在现代教育教学中运用现代教育技术，可以充实与丰富教学内容，并为教师提供更广阔的空间来创造知识。需要注意的是，教师不能过分依赖多媒体，甚至将教案用此来代替，在课堂上照本宣科，这不利于教师主导性的发挥。借助多媒体资源可以促进教学效果的优化，但并不是所有教学内容都适合以多媒体形式呈现出来，即使没有多媒体资源，教师也应能够发挥主动性，促进教学效果优化。

（3）师生关系

实现教学最优化的目的，要求师生都要发挥自己的最大可能性。在教学过程中，师生共生互动，双方相互影响，只有建立良好的师生关系，才有助于取得良好的教学效果。

（4）教学最优化的评价标准

一般可用效果标准和时间标准来对教学过程最优化进行评价，具体可以从以下几个方面来了解这两条评价标准。

第一，在教学中促进学生发展方面取得最大的教学效果，如使学生掌握知识、技能，形成个性特征，提升智力水平等。

第二，师生在一定时间内以最少的精力消耗而取得最大的教学效果。

第三，师生在一定时间内取得较为理想的效果，且在自己能够控制的范围内消耗了最少的资源（如时间资源、经费资源、物质资源、人力资源等）。

（二）有效教学理论

20世纪上半叶西方兴起的教学科学化运动孕育了有效教学这一理念，教学效益（什么样的教学是有效的）是有效教学理念的核心问题。学术界对有效教学概念的界定还没有达到统一。我国学者在系统考察西方有效教学的相关研究后发现，西方学者主要基于三种基本取向来解释有效教学，分别是目标取向、技能取向和成就取向，但尚未作出统一的解释。国内外学者对有效教学的解释可谓五花八门，这里我们主要说明宋秋前教授对有效教学的解释："有效教学是师生遵循教学活动的客观规律，以最优的速度、效益和效率促进学生在'三维目标'（知识与技能、过程与方法、情感态度与价值观）上获得整合、协调、可持续的进步与发展，从而有效实现预期的教学目标，满足社会和个人的教育价值需求而组织实施的教学活动。"

有效教学包含以下几个方面的含义。

第一，有效教学的核心是学生进步与发展。学生的有效学习是评价有效教学的主要标准。学生的学习效果直接反映了教学是否有效以及有效程度大小的问题。学生的学习效果不仅表现在学生是否进步，是否获得了发展，还表现为其有效学习的程度如何，是否有欲望继续学习。

第二，教学"三维目标"的实现是判断学生进步与发展的基本标准。现代教学在素质教育理念的指导下提倡培养学生的综合素质，促进学生全面发展，因此教师要指导学生努力达到三维目标，获得全面、可持续的发展。

第三，教学是否符合规律、教学效率与效益是否良好、教学是否有魅力等，这些都直接影响学生是否能够获得进步与发展。教学目标的合理性、有效性、实现程度及如何实现等，这些都是有效教学理论所要考查的内容。教学是否达到了有效教学的标准，要从以下几个方面来判断：①合规律：依据教学规律对教学方法进行科学选用，以促进学生进步与发展，提高教学效果。②有魅力：师生在教学过程中体验到愉悦，教师乐于施教，学生乐于学习。③有效率：教师合理安排与控制教学活动，使学生以较少的投入（时间、精力等）取得尽可能好的成绩。④有效益：教学效果显著，且符合教学目标的要求，能够使社会和个人的教育需求得到满足。

现阶段，我国研究有效教学理论及其应用的学者有很多，有效教学理念在中小学新课改中受到高度重视，也有深刻的体现，且被广泛运用于教学实践中。随着课程改革的不断深入，教师要善于在该理论的指导下提高课堂教学效率和效果，促进教师与学生的共同进步与发展。

（三）人本主义理论

行为主义把人描述成"机器人"，认为人是没有主观能动性的，在行为主义思想的影响下，传统教育不够尊重学习者的个性，也不够理解学习者。针对这个问题，诞生于20世纪60年代的人本主义理论提出了抗议，并予以谴责。人本主义理论看重人的主观能动性，提倡尊重人的个性，强调知识与情意的统一，强调在教学中对学习者的学习能力和创造能力进行培养。

人本主义理论认为，教育的最高目标就是实现个体发展，教育的价值在于自我发展，教育的目标在于自我实现。罗杰斯作为人本主义心理学流派的代表人物指出，"对知道怎样学习和能够适应变化的人进行培养"是教育的主要任务。教育要培养可靠的人、有教养的人，这样的人应该是懂得学习方法和有意识去主动寻找知识的人，应该是知道如何适应变化的人。

人本主义教育心理学流派指出，有很多因素都会影响教学效果，为了提高教学效果，应该在教学过程中主动走进学生的内心世界，对学生的真实需求有所了解；应该实施那些贴近学生生活的教学内容；应该引导学生积极探索与理解学习材料；应该重视建立民主和谐的师生关系。

人本主义学习理论认为，最持久与深刻的学习应该是学习者自我发起的学习，学习者在这样的学习中将自我情感与理智都投入在内，对自己的学习过程和结果负责，学习者学习的积极性、主动性很强。罗杰斯认为，学习者在自我发起的学习中从事意义学习，学习收获远远要大于被动学习收获。

二、教学效果优化的原则

优化教学效果就是要综合调整影响教学过程和教学结果的各种因素，合理安排教学活动，以使最终的教学效果在已有条件下达到最佳。教学中的很多因素都会影响教学效果，这些因素会形成合力，决定最终教学效果的好坏，有关学者依据这一规律而提出了教学效果优化的概念。优化教学效果，就是使师生花费较少的必要时间，但要充分发挥自己的可能性，从而使教学效果在一定条件下达到最佳程度。优化教学效果要求教师从头到尾对整个教学活动进行全面综合的规划与控制，在教学中对各教学要素之间的复杂关系要有所了解，要将施教与学习有机结合起来，要使每个教学要素都尽可能以最好的状态呈现出来，使各要素的作用都充分发挥出来，从而使教学效果得到最大限度的提高。

优化教学效果，要贯彻以下几项基本原则：

（一）科学性原则

优化教学效果，要贯彻科学性原则。这里的科学性既包括实施具有真理性的教学内容，也包括选用正确的教学方法。遵循科学性原则要求做到以下几点：

第一，在实施教学内容的过程中，将客观的科学理论及事实介绍给学生，尽可能使学生对现代科学成就有更多的了解，并使学生对相关知识的发展前景有清晰的认知。

第二，教师在教学中融入各方面的积极因素，对学生的观察能力、分析能力、研究能力以及解决问题的能力进行培养，使学生在学习中对图书资料、文献等予以合理使用，使学生能够基于科学理论对自己的观点进行论证。

第三，学校从自身教学条件和教学需要出发对课程进行设置，提高课程建设的科学性。

（二）系统性原则

为了优化教学效果，要尽可能让学生系统掌握或者有条理地掌握各项知识与技能，这是贯彻系统性原则的基本要求，具体要做到以下几点。

第一，明确不同教学阶段的各项教学内容的内在逻辑关系，前面教学内容的实施要为后面教学内容的实施奠定基础，以利于学生更好地掌握新内容。

第二，教科书内容的安排本身具有系统性，教学大纲的制定也体现了系统性原则，其与学生的认知规律和学习特征基本相符，因此如果没有特殊情况，则要严格按照大纲和教材来实施教学，保证教学的有序进行。

第三，基于系统理论而整合知识，完善学科知识体系，使学生循序渐进地学习，养成良好的学习习惯。

（三）自觉积极原则

这里的自觉积极原则指的是学生学习的自觉性、积极性，同时包括学习的独立性。教学既包括教师施教，也包括学生学习，二者是一个整体，缺一不可。学生在学习中如果缺乏教师的系统施教与科学指导，也不会取得明显的学习效果。同时，如果学生学习不积极、不主动，那么即使教师教得再好，教学效果也不理想。要优化教学效果，既要优化教，也要优化学，尤其要鼓励学生自觉积极地学习，发挥学生的主体作用。具体来说，优化教学效果贯彻自觉积极原则要做到以下几点：

第一，学校从开设课程、实施课程到课程评价等，每个阶段都要对学生的主体性予以尊重。

第二，在教学过程中适当设置问题情境，让学生自由讨论，自己找出解决问题的方法，从而提高学生学习的积极性，培养其自主学习及合作学习能力。

第三，教师在课堂上提出一些错误观点，引导学生对此进行评判、剖析及论证，提高学生的思辨能力。

第四，教师给学生留出独立学习的空间，使学生能够对自己的学习活动进行合理安排。

（四）师生协同原则

教学效果的优化需要师生共同努力，因此不仅要强调教师主导作用的发挥，还要重视学生主体性和能动性的发挥，只有师生协同配合，共同努力，才能使教学过程更顺利，教学效果更理想。要在师生协调互动中实施教学过程，从根本上来说就是要将师生关系、教学关系处理好，使教师与学生在方向一致的前提下施教与学习，在各自活动的同时再积极配合对方，教与学的节奏协调统一，从而促进教学效果的优化。在通识课程教学过程中应充分体现学生是学习的主体，强调学生主体在教学中的积极作用。这是因为学生的学习只有作为一种自觉、能动的活动时，才能发挥出最好的效率，才能取得最优的教学效果。

（五）为教学创造必要条件的原则

这个原则中的教学条件主要指教学媒体，在教学过程中主要通过这个手段向学生揭示信息，而且只有建立在这一物质基础上，才有可能完成教学任务。我们所说的教学机器是狭义层面上的教学媒体，广义上的教学媒体包含的内容非常广泛，甚至在向讨论、试验、参观等方面拓展。巴班斯基认为，除了教学物质条件与教学过程直接相关外，道德心理条件、学校卫生条件也是不可忽视的。在教学效果的优化中贯彻这一原则，要求将这些条件都考虑在内，同时还要重视对新条件的创设，对提高教学效果有利的各种条件都是创设与完善的对象，如制度条件、人力资源条件等。这里需要强调一点，在信息教育时代，我们要善于将现代教育技术手段灵活运用到教学过程中，以提高课堂教学效率，提高学生学习的兴趣，最终达到优化教学效果的目的。

第二节 历史教学效果影响因素分析

新课程改革背景下，历史教学现状与"构建高效的历史课堂"这一目标相距甚远。受传统历史教学模式的影响，有很多因素都严重影响与制约着历史教学效果。因此有必要探讨影响历史教学的相关因素，从而对症下药，以便在优化历史教学效果中能够有的放矢地采取有效措施。

　　广义上而言，教学资源、教学主体、教学内容、教学方法、教学评价等教学过程中的所有因素都会对历史教学效果的优化产生影响，下面具体分析这些影响因素。

一、教学主体因素

（一）历史教师缺乏专业兴趣

　　一些历史教师对自身专业的认可度不高，这是影响教学效果优化的主要内因之一。兴趣是最好的教师，不仅对于学生的学是这样，对于教师的教也是一样。一些教师对自己的专业认可度不清晰，并不是因为真正喜欢历史而选择历史专业并从事历史教学工作的，而是因为兴趣之外的原因走上了历史教师的岗位。如果历史教师本身对自己的专业缺乏兴趣，那么在这门课程的教学中必然很难做到认真和细致，更谈不上去努力钻研。一位没有兴趣的教师面对浩如烟海的历史资料必然不会为之感到骄傲和自豪，也很难对这些史实进行深入钻研，从而提高自己的专业知识水平。一些历史教师表示自己并不喜欢历史也不想教历史，这暗含着教师的情绪。有一些教师是真正缺乏兴趣，他们把教书作为谋生手段，这是不容乐观的现实。

　　历史教师专业兴趣的缺失会导致其在教学设计上出现随意性，如在备课环节有形式化倾向，教学的预设和生成不能做到高度一致，教学媒体的选择过于简单。教师进行教学设计时，过多相信传统的赫尔巴特的五段教学法。现阶段的历史教材经过改革后，由原来按历史事件发生的时间顺序进行安排的形式转变成了"专题＋模块"的形式，这对教学设计提出了更高的要求，而一些历史教师依然采用传统的教学设计方式，显然行不通，而且必然影响教学效果。

（二）学生的基础素质、兴趣爱好、学习方式存在差异

　　第一，学生的基础素质影响教学效果。学生受家庭环境、自身外在条件和内在智力的发展程度以及自身学习基础水平的影响，因而学生群体在客观上存在差异。不同学生的身心素质发展水平不一致，在这样的情况下对学生进行教学必须做到因材施教，举一反三。老师既不能以学习基础最好的学生作为上课的标准，否则对学习基础差的学生不公平；也不能以学习基础薄弱的学生作为调控教学进度的标准，这样对学习基础好的学生来说无异于浪

费时间。因此学生的基础素质水平差异必然成为影响教学效果优化的一个主要因素。

第二，学生的学习兴趣也会影响教学效果的优化。学生之间存在的个体差异决定了不是每个学生都对历史有浓厚的兴趣，对历史感兴趣的是往往只是部分学生。学生的学习兴趣会直接影响上课的积极性和参与性，进而影响学习成果。

第三，学生学习方式的不同也会影响教学效果，学生学习习惯的差异对教学效率有明显的影响。

二、课程资源要素

（一）教材使用不合理

对教科书缺乏深度分析探究以及教科书使用不合理是导致历史课堂教学效果不理想的一个主要原因。"唯教科书论"与"弃教科书论"是对待教科书的两种截然不同的态度。这两种态度都是比较极端的。"弃教科书论"是一种错误的态度，因为教科书发挥着指引学生学习历史的基础性作用。基础知识的传授与思维能力的培养是密不可分的。一位历史学者首先应该具备"史才""史学""史识"能力，缺少任何一方面都不能成为一名真正的历史学家。同样的道理，学生在学习历史的初级阶段，知识的积累很关键，如果学生连基本的历史事件、历史人物、历史时空都浑然不知，是不可能具备历史思维能力的。因此，"弃教科书论"是不可取的。而一些教师非常注重教科书，这种注重并不是体现在他们认真研究教科书，而是体现在一切都按照教科书来授课教学，就是"唯教科书论"，这显然也是失之偏颇的。一些教师缺乏主观分析和判断力，照本宣科，没有对教科书上的内容进行归纳整合，也缺乏教材开发的校本意识，这会对历史教学效果产生不良影响。

（二）校外课程资源利用不足

结合历史课程的丰富性、生动性和现实性特点，在历史教学过程中除了要利用好教材这一课程资源外，还要利用好校外课程资源，并对其进行整合。但面对高考压力，历史教师除了整合几个版本的历史教材外，很少主动开拓校外潜在的课程资源，校外课程资源利用率低也影响了教学效果。

三、教学内容因素

高中历史课程教学是建立在初中历史课程教学基础之上的，所学习内容也是对初中历史教学内容更进一步的延伸，不仅繁杂、知识点琐碎，而且部分教学内容与初中历史教学内容重复，这不但增加了学生的学习负担，而且容易导致学生产生疲劳感，对教学效果的提高也具有阻碍性影响。

受传统应试教育思维的影响，许多历史教师在教学中仅仅将众多的历史知识机械性地"套"在考试大纲中，并且将课本知识简单地分为重点和非重点，进而督促学生反复学习重点知识，不断强化记忆，以提高学生的考试成绩。然而，强迫学生反复学习同一知识点往往会造成适得其反的效果，如加深学生的厌学心理，极大地影响学生的学习效率。

四、教学方式因素

（一）依据教学目标选择适宜的教学方式

教学方式的选择与运用于教学效果、教学目标的达成度密切相关。教师应依据教学目标、教学内容、教学对象等教学要素选择适宜的教学方式。根据不同的教学目标选择不同的教学方式，识记为主的教学目标采用以讲授法为主的教学方式，以培养学生历史思维能力为主的教学目标采用对话教学为主的教学方式，培养学生团队协作解决问题为主的教学目标宜采用活动教学为主的教学方式。

（二）依据不同教学内容选择教学方式

1.按照知识分类选择相应的教学方式

教学方式包括教法与学法，教师如何教，学生就如何学。知识类型的不同是决定教师如何教的重要因素之一，选择适宜的教法可以引导学生学习方式的转变，增强学生在学习过程中的主体性和参与性。历史教师应依据不同类型的知识，优化教学设计，帮助学生选择适宜的学习方式，提高学习的有效性。

2.充分利用多媒体展现历史史料

不同的教学内容选用不同的教学方式，便于教学内容更好地呈现给学生，便于学生接受、理解。随着信息化、智能化多媒体时代的到来，老师可以借助网络资料和多媒体手段向学生展示珍贵史料。3D、现实增强技术的使用可以让学生身临其境地感受历史的真实，相较传统的讲授法，多媒体技术的使用可以大大提高历史教学的效率。当然现实教学过程中，由于路径依赖效应也存在历史教师依然仅使用传统讲授法的现象，不管是什么样的教学内容，都主要采用讲授法进行教学。即使有的老师选择了多媒体教学手段，但是在制作多媒体课件的过程中存在不专业的问题，没有将网络资源充分利用起来，而且缺乏对网络资源的有效筛选和整理提炼，仅仅表面上做到了声画同步，实质上缺乏创新，这样的教学课件也很难发挥出更好的作用。可见教师的多媒体应用能力是教师专业素养的重要组成部分，对教学效果有重要影响。

五、教学评价因素

种种考试的压力，尤其是在高考的压力下，传统的学业评价（对知识掌握情况的评价）成为对学生进行终极评价的主要方式，教师忽略了从情感态度和价值观等角度对学生进行多元与全方位的评价。评价方式单一，未有机整合与运用多种考察方式，重结果评价而轻过程评价，而且评价主体单一。这些单一评价目标、单一评价方式、单一评价主体的传统教学评价方式，严重影响了历史教学在培养具有历史核心素养学生过程中的效果。

第三节 历史教学效果优化策略

一、激发与培养学生的历史学习兴趣

（一）掌握学生的学习动机特点

兴趣是学生主动学习与持续学习的动力，激发学生的学习动机有助于对其学习兴趣进行培养或促进其兴趣的巩固。学生主动参与学习活动的内部动因主要来源于学习动机，只有有了明确的动机，学生学习的意愿才会增强，在学习中也才会积极思考。培养与提高学生对历史学科的兴趣是优化历史教学效果的基础，而只有让学生先明确学习动机，并保持这种动机，才有可能形成兴趣。动机是内部动力，是内部力量源泉，能够支撑学生参与到历史学习活动中，切实影响学生学习的积极主动性，影响学习效果。

动机有近景性动机和远景性动机之分。和初中生相比，高中生的学习动机以远景性动机为主。他们希望通过学习历史知识，对过去、社会及生命有更全面和深刻的认识，并能对未来作出一些预测。这种心理动态体现了其

学习动机的转变，即由近景性动机转变为远景性动机。高中历史教师要准确把握学生学习历史的动机及动机的变化情况，要对学生的内心学习需求有所了解，要善于利用不同学生的不同学习动机来推进历史教学进程。对于动机不强的学生，教师要善于创设有助于将学生学习动机激发出来的良好教学条件，多鼓励学生，使其在历史课上表现得积极主动一些，使学生对历史课的意义与价值有正确的认识，从而激发其学习动机。为了长久维持学生的历史学习动机，为学生学习历史提供持续的动力源泉，教师要不断研究新的教学方法，设计丰富新颖的教学方式，定期评估教学效果，做到及时反馈。

（二）激发学生的学习兴趣

历史学科具有很明显的客观性特征，很多知识都需要学生记忆。要让学生在学习中更轻松一些，记得更快一些，首要方法就是让学生对历史学科产生兴趣，产生好奇心。很多学生表示自己对历史知识有兴趣，但在历史课堂上他们的学习并不投入，甚至学生对历史的好奇心维持的时间并不长久，这可能与历史课堂本身缺乏趣味性有关，枯燥的历史课堂难以将学生的学习兴趣激发出来。针对这个问题，高中历史教师在课堂上要善于创设情境，采用情境教学法，吸引学生的注意力和好奇心，使其主动思考，积极参与，充分发挥主体性。

学生对历史教师的期待要比初中时期对教师的期待更高一些，主要就是希望历史教师的水平更高一些，这也是学生在初中和高中两个阶段的心理变化。教师要抓住这个心理，主动提高自己的教学水平，满足学生的好奇与期待，这样更能将学生的学习兴趣调动起来。高中生的身心发展也具有一定的特征，这也需要历史教师准确把握，从而有针对性地展开符合学生身心特征、对学生身心发展有益的教学。历史教师尤其要关注高中生的心理变化，利用其好奇心建构历史故事，提高课堂教学的趣味性和学生的参与度。历史本身就令后人忍不住去想象和推测，如果历史教师能够在尊重历史本来面目的前提下将历史故事讲得绘声绘色、生动形象，以此代替晦涩难懂的历史事件，那么将大大提高学生学习的兴趣。此外，高中生身心达到了一定的成熟度，他们渐渐开始关注学习结果，教师要利用这一点对学生的学习兴趣进行培养，使学生对学习历史的目的、意义有所认识，并在准确认识与深入理解的基础上产生学习的兴趣和积极性。在教学中教师也要主动了解学生的内心世界与学习需求，做好沟通交流工作，这无疑有助于促进学生历史学习兴趣的强化。

总之，通过学习历史，应使学生对历史学科有一个基本正确的认识与理解，对历史的重要性，对历史在解释、推进、展望人类社会物质与精神文明发展方面的重要作用，对历史是一种先进的文化，有一个基本的认同和体会。从而对历史充满仰慕和敬重，充满向往和热爱，充满亲和力，最终从心底接受历史。

（三）端正学生的学习态度

和初中阶段的学生相比，高中阶段的学生的观察力、注意力更加全面、敏锐，而且在学习方面也更加自觉主动。但因为学生的历史学习兴趣、动机直接影响其对于历史教学内容的感知能力，因此对历史学习缺乏兴趣或还没有明确学习动机的学生在历史课上表现出来的感知特征不是很明显。对此，为了增强历史教学的直观性，教师要善于选用有助于对学生的历史感知能力进行培养的有效教学方法，采取直观性的教学方法帮助学生了解历史现象，思考现象背后的本质，并在理解历史知识的基础上更好地记忆知识。

高中生的抽象思维能力也较之前有了提升，包括思维的独立性、创造性以及批判性都有不同程度的发展。因此在历史学习中，他们能够从偏于理性的视角思考历史现象和历史问题，对于探究性强的历史学习活动，他们表现出极大的兴趣，参与的积极性很高。针对高中生抽象思维的发展特征，历史教师要在教学中有意识地对学生的历史思维能力进行培养，多收集思维材料，使学生基于这些材料而积极思考，带着好奇心与探究心理去学习，同时也要避免学生形成思维定式。学生具备了一定的历史思维后，其在历史学习中的态度也会逐渐趋于稳定，稳定的学习态度有助于促进学生学习持久性。

高中生不断趋于稳定的历史学习态度也是由他们在这一阶段的身心发展特征所决定的，学习态度的稳定也使学生有了更好的自我调节与控制能力。历史教师的教学水平、学校学习风气、班级氛围等都会影响学生的学习态度。对此，历史教师在培养学生学习兴趣的同时，还要注意带头营造浓郁的学习气氛，定期总结学生的历史学习情况，及时调整学生的学习态度，解决学生的学习问题，提高学生的学习效率，优化历史教学效果。

（四）鼓励学生质疑与"找碴儿"

受传统"师道尊严"观念的影响与书本权威的影响，再加上缺乏积极的课堂环境和激励赞扬机制，久而久之，学生缺乏质疑、批判、反思。要积极鼓励学生打破书本迷信，打破教师权威，提倡多元理解。当然"找碴儿"绝不是简单的质疑、否定一切，它是建立在学生形成基本独立认知结构的基础之上，对可疑之处进行理性的、深度的思考过程，其结果是多样的，可能是通过对信息的批判性审视，更深刻地认识、理解该问题；抑或是通过批判性思维，在顺应或重构认知结构过程中合理扬弃并有所创新。

二、提高历史教师的专业素养

（一）提升知识素养

历史课堂教学效果在很大程度上是由历史教师的专业素养所决定的，有效的历史课堂必然是由有效的历史教师铸就而成的。学生对历史课的兴趣一定程度上也取决于历史教师本身。历史教师知识渊博，讲课风趣，与学生关系融洽，则会成为学生喜欢上历史课的重要原因。所以说，培养与提升历史教师的知识素养至关重要，这需要历史教师发挥主观能动性，自觉充实自己的知识库，优化自己的知识结构，除了继续对历史学科知识进行钻研之外，还要对其他相关学科知识予以关注和学习。

与历史密切联系的学科有地理、政治、经济及其他文化学科，高中生求知欲很强。如果历史教师只会讲课本上的历史知识，无法与其他相关学科知识联系起来，那么很难在课堂上吸引学生的注意力，调动学生的学习兴趣，也无法使学生的学习欲望得到满足。因此，历史教师要自觉积极地拓展自己的知识体系，增加知识储备，以便于在历史教学中能够做到旁征博引，从而使学生产生学习的兴趣，使学生对历史学习的价值有更深刻的领悟。历史教师知识渊博，更容易得到学生的认可，受到学生的尊重，赢得学生的信任，使学生将其树立为榜样，并使学生学习热情高涨。

（二）深刻把握理解教材

历史教师对教材的把握是否深刻，主要看其能否看懂、看穿及看透教材，能否将教材的精髓挖掘出来。历史教师只有对教科书进行深入的钻研，才能在历史课上将整个课堂节奏把控好，才能对学生的兴趣走向有准确的把握。如果历史教师对教材缺乏准确的定位，或者完全照搬教材内容，则必然会引起学生的不适，使学生厌学。所以历史教师不仅要做好定位，还要深刻钻研教材，深入挖掘教材的精髓，以自己充满智慧与艺术的头脑上好历史课，生动形象地给学生描述历史人物，讲述精彩的历史事件，激发学生的求知欲和好奇心，使学生集中注意力听讲，提高学习效率。此外，历史教师要善于向学生表达自己对教材的独到见解，要将自己具有独创性的思维呈现出来，从而更好地培养学生的学习兴趣与历史思维，吸引学生的注意力，使学生深刻记忆课堂上所教的内容。

（三）提高教学机智水平

教师的教学机智主要体现在其能够在课堂上随机应变。历史教师往往能够比较细致地设计教学内容，却很难周密地安排教学过程。历史教师在课堂上经常会遇到"非预期性"的教学问题，如果处理不好这些问题，就会使课堂氛围变得尴尬，教学机智水平问题或者说意料之外的偶发事件，富有智慧和教学机智水平较高的教师往往能够发挥自己的临场应变能力，妥善处理好问题和意外情况，这是历史教师综合素质的一个重要体现。

历史教师拥有临场应变能力，有助于对教师与学生的矛盾、教学与学习的矛盾进行艺术化的处理，这一能力也是必不可少的教学技巧。在历史教学中，教师的教学机智不仅体现在有效的课堂纪律管理上，还体现在合理解释学生提出的敏感历史问题上，体现在正确处理师生之间的矛盾或学生之间的矛盾上。有些学生喜欢历史，历史成绩也比较优异，他们在课堂上提出的问题有时比较敏感，甚至是刁钻；有些学生本身对历史缺乏兴趣，但因为性格调皮，所以会问一些意料之外的问题。面对不同学生提出的问题，具备教学机智的历史教师往往能够从容应对，如面对第一类学生，主要是避其锋芒、以智取胜；对于第二类学生，主要是转化角度巧妙解决问题。可见教学机智水平高的历史教师往往能够运用好教学技巧，而且他们在教学中不断探索新的教学技艺，追求精益求精，因而有自己的一套教学风格来应对课堂上的各种事件。机智的历史老师往往追求理想的教学效果，而且也能培养出有智慧的学生。

（四）优化历史教学评价

对历史教学评价的优化具体要做到以下几点。

第一，传统的历史教学评价存在单一的缺陷，具体表现为评价主体单一、评价方法单一以及评价角度单一。针对评价的单一性问题，要有针对性地进行教学评价的改革与优化，让更多的主体参与到教学评价中，如除了师生评价外，发挥家长、学校领导、历史教育机构负责人等主体在评价中的主观能动性。此外，拓展评价角度，从新的视角进行全方位的评价，最后也要将多种不同的评价方式整合起来加以运用。

第二，在历史教学评价中，对评价方式的合理选用非常关键，在选用中要考虑诸多因素，如评价目标、评价对象、评价条件以及评价主体的专业素质等。例如，教师为了了解学生对历史教材上某一模块基础内容的掌握情况，可以在课堂上组织一次小测验，或者让学生自己对知识线索进行梳理。这样既能了解学生掌握得如何，获得关于课堂教学效果的反馈信息，又能对学生的归纳概括能力进行培养。历史教师还可以在课堂上通过开展一些灵活性较强的活动来评价学生的表现，如针对某一历史情节设计历史情景剧、采访活动，教师观察学生在这些活动中的表现，然后给出客观的评价。当然，我们主张评价方式的创新，并不意味着否定传统评价方式，传统评价方式固然有其可取之处，但长期以来不管是评价什么，都一直使用一种方式进行评价，必然不妥，很少有一种评价方式是适用于所有教学评价中的，一直使用一种评价方式可能无法切中要害，不痛不痒的评价没有意义。另外，在评价中要引导学生尝试进行自我评价，学生既是评价主体，也是评价对象，自我评价有助于使学生客观认识自己，对自身的优点和不足有更全面的了解，从而发扬优势，改正缺点，不断完善自我，满足自我发展需求。

第三，教学评价具有发展功能，在历史教学评价中要实现这一功能，要通过评价促进学生发展，就要将过程性评价充分重视起来。教师采用这一评价方式能够了解学生的动态变化，了解学生在不同学习阶段处于一个什么样的学习状态，可以全面考查学生各维度目标的达成情况，并对学生更多的潜能进行挖掘，从而为接下来的教学安排提供依据。

三、优化教学设计

（一）教学目标设计紧扣核心素养

历史教师首先要全面理解历史学科核心素养的内涵及其具体表现，认识核心素养唯物史观、时空观念、史料实证、历史解释和家国情怀这五个方面是一个相互联系的整体。唯物史观是诸素养的灵魂和得以达成的理论保证；时空观念是诸素养学科本质的体现；史料实证是诸素养得以达成的必要途径；历史解释是诸素养中对历史思维与表达能力的要求；家国情怀则体现了诸素养中价值追求的目标。其次，在设计教学目标时既要注重对某一核心素养的培养，又要注重对学生核心素养的综合培养，并以学业质量标准作为衡量学习效果的重要标准。最后，在高中阶段历史教学中坚持双基、三维目标、核心素养"一以贯之"的方针，将"以人为本"的育人理念落实到历史教学的每个角落，通过诸素养的培育，达到立德树人的要求。因此，高中历史课程教学目标的优化设计具体要做到以下两点。

1. 依托于"掌握历史基础知识"而设计教学目标

高中历史课程核心素养的五个面是一个有机的、不可分割的整体，不可以违背新课改精神而将这个整体割裂开来。但要实现培养学生的历史学科核心素养，首先还是要掌握历史基础知识，历史知识、规律是学生分析评价过往历史事件的前置条件，是培训学生历史思维能力的源泉。因此，历史基础知识是高中历史课上的主要教学内容之一，这些知识能够提升学生分析、归纳、概括、解决问题的能力，为今后进行更广泛而深入的历史学习奠定基础。例如，为《罗斯福新政》这一课设计教学目标，应该将目标重点放在三个方面，一是了解罗斯福新政背景，二是熟识罗斯福新政内容，三是理解罗斯福新政产生的影响。学生只有在了解罗斯福新政的背景，并熟识罗斯福新政的主要内容的基础上，才能展开交流、讨论、合作、探究，积极思考、深刻理解罗斯福新政对生产关系、经济模式和经济制度等方面产生的深远影响。在此学习过程种学生的核心素养得到培养和发展，这样目标的优化设计符合新课改所提倡的理念和要求。

2. 基于对学生学习方式的关注设计教学目标

在历史教学目标的优化设计中要强调过程与方法这一维度的目标，使学生对有效的学习方法加以掌握。随着时代的变迁，现代教育教学中让学生学会学习比让学生学会知识更重要。所以在高中历史教学中必须让学生学会学习，学生只有掌握了学习的方法，才会进行自主探究学习，才能与同学合作学习。学生在自主探究学习中能够积累更丰富的历史知识，并获得对历史的深刻感知与理解，与此同时，其历史思维也会逐渐形成与不断强化。

（二）教学内容设计体现新课改要求

1. 高中历史课程结构、内容的新变化

高中历史新课程分设必修课程、选择性必修课程、选修课程，内容编排不同于"专题＋模块"模式，而是采用通史与专题史相结合的方式。课程结构和内容的新变化，给一线教师提出了新的挑战，准确把握历史课程改革的指导思想和出发点，是用好教材，促进学生历史学科核心素养发展的关键。结合历史课程专家的学术观点和基层教学的实践经验，阐述高中历史课程内容的编排逻辑，并提出优化教学内容设计的要点。必修课程是全体学生必须参加学习，并需通过考试的课程。如《中外历史纲要》模块，课程内容分为中国古代史、中国近现代史和世界史三部分，每部分的内容均在历史时序的框架下由若干学习专题构成。通过中外历史上的重要事件、人物和现象，展现人类社会从古至今、从分散到整体、从低级到高级的发展历程，使学生进一步了解和认识人类历史演变的基本脉络以及丰富多样的历史文化遗产。

选择性必修课程是学生根据个人兴趣、升学需求而选择学习的课程，这类似于高考选择文科的考生，需要学习掌握的课程内容，该课程分设《国家制度与社会治理》《经济与社会生活》《文化交流与传播》三个模块。各模块由不同的学习专题构成，各专题下的具体内容主要以时空进程为编排的内在逻辑，凸显历史时空发展规律，呈现中外历史相同专题重要内容，引导学生跨时空从政治、经济与社会生活、文化等不同视角深入认识、理解历史。

选修课程是面向全体学生自主选择修学的课程，包括在必修和选择性必修课程基础上设置的发展性、整合性课程。《课程标准》中的《史学入门》和《史料研读》两门选修课程，是学校实施选修课程时的参考，可以选用、改编或新编。该课程旨在引导学生将史学的基本理论、知识与技能，运用到实际的探究活动中，在此过程中增强学生深入学习历史的兴趣、能力与素养。

现阶段，高中历史教学内容在教材中的主要呈现形式是"专题＋模块"，每个专题和模块相对独立，自成体系；不同专题之间、模块之间以及专题与模块之间又存在着一定的联系。和传统教材中以时间先后顺序编排教材内容的方式相比，"专题＋模块"的编排形式容易给人一种散乱和缺乏逻辑的感觉，所以在设计教学内容时要注意优化整合不同模块及专题的内容，以提高教学内容的实施效率。

2. 历史教学内容的优化设计

（1）导入新课设计

导入新课的方式常见的有以下几种：①开门见山直接导入。②通过观看图片、视频录像等方式直观导入。③设疑导入，激发学生的好奇心。④回顾上节课的内容，温故知新，导入新课。

（2）新课教学的设计

这一方面的设计要注意以下几点：①做好对各模块和专题内容的整合，对教材的结构加以优化。②结合教学目标创设能够激发学生学习兴趣的问题情境。③新课设计要有助于对学生的探究能力进行培养。

（3）传统课程内容的丰富

历史是人类社会起源和不断发展的呈现，是人类文明不断进步的见证，是科、教、文、卫等各个领域不断创新的记录。因此，历史课应是高中阶段最生动有趣的课程，然而，在各种因素的影响下，我国高中历史教学中存在机械性教学的问题，教师很少深入探究教材，久而久之，学生的学习兴趣便会减弱。为了有效改善这种情况，高中历史教师应不断应用多种教学方法和手段有效地丰富课堂教学内容，激发学生的学习兴趣，提高学生的自主学习能力，提升历史课堂的趣味性。同时，历史教师还应该不断拓展教学内容，将课外知识有效融入历史课中，以便于学生将所学知识有效串联起来，加深学生对重难点历史知识的理解和记忆，使历史课堂变得更加生动。例如，在"王安石变法"这一内容的教学中，教师可以由简到繁地阐述变法的背景和原因、变法的影响以及变法对历史发展的作用等知识点，帮助学生将相关知识点组合起来，提升学生的理解能力和记忆能力，提高历史课堂教学效率。

（三）教、学方法设计指向实现核心素养

历史学科核心素养是历史学科和教育的有机融合。从三维目标走向核心素养，是历史学科教育高度、深度和内涵的提升，是高中历史学科教育对人的真正的回归。同时，历史知识本身并没有问题，当下的传授知识者所秉持的知识观和面对的应试压力，使得知识的呈现方式成为一种死板的知识，而非"活"的知识，忽视了知识的建构过程，以及知识系统的发展性和开放性。如何激发学习者对知识的好奇心和兴趣，是高中历史教师应该思考的问题。学科核心素养意味着学科教育模式和学习方式的根本变革。

1. 知识类型与教学方式的契合

根据广义知识分类理论，我们可以把历史知识分为三类：陈述性知识、程序性知识和策略性知识。

（1）历史陈述性知识与教学方式的选择运用

历史陈述性知识即历史事实性知识，指关于"是什么"的知识，是对历史事实具体、如实的描述，属于感性知识的层面，它对学生的能力要求主要是记忆，包括重要的历史事件、历史人物、历史现象等。

历史陈述性知识的学习方式选择，重点是如何帮助学生获得并掌握这些知识。在传统的历史学习方式选择和运用过程中，对这类知识的学习过分强调了学生死记硬背，只做粗略、原则、机械式陈述性知识中符号和词语意义的获取，也使学生形成了一种错误的认识，即历史知识掌握的好坏，关键是看记忆力和死记硬背的功夫是否过硬。列宁曾说："我们不需要死记硬背，但是我们需要用基本事实的知识来发展和增进每个学习者的思考力。"我们反对死记硬背，但并不反对建立在知识理解和认知结构形成基础上知识记忆。

（2）历史程序性知识与教学方式的选择运用

历史程序性知识即历史概念性知识，指关于"为什么""怎么样"的知识。这类知识是在认识历史事件、历史现象发生发展规律的过程中形成的，它对应的是学生的"智慧技能"，"智慧技能是通过练习而形成的完成一定的智力活动的能力"。主要包括历史概念和历史原理等。

历史程序性知识是在理解诸如历史事实等陈述性知识的基础上，经过对历史事件和现象的分析判断或将历史技能通过实际操作，逐渐形成的一种能够熟练掌握并能精确运用的智慧技能或处事策略。在历史课程的学习过程中，关键就是帮助学生如何将历史陈述性知识转化成历史程序性知识，也就是如何将储存于大脑中的概念、规律转化为应用技能，由储存知识向应用知识转化，从而实现知识的迁移。如知道"生产力决定生产关系""历史事件的发生是政治、经济、思想文化等共同作用的结果"之类的原理或能陈述这些原理则仍然停留在陈述性知识的学习层面，而要将它们转化为程序性知识，就必须能应用这些原理去分析和解决问题。如果学生能够运用这些原理分析不同历史现象、历史事件产生的原因、带来的影响等问题，同时能够活用它们，我们就认为学生顺利地实现了这一转化。

（3）历史策略性知识与教学方式的选择运用

历史策略性知识即历史方法性知识，指关于"怎么做"的知识，它也是一种程序性知识，其核心是历史思维方法。主要包括处理历史资料的方法，分析和综合、比较、归纳和演绎等分析历史问题的方法，历史学习和表述的方法，运用历史唯物主义的基本观点观察问题和分析问题的思维方法。

历史策略性知识也是程序性知识。但与一般程序性知识不同，它所处理的对象是个人自身的认知活动的知识，是一种内在的思维活动。现代教学心理学强调教学除应让学生有效获得陈述性知识和程序性知识，除促进陈述性知识向程序性知识转化外，更应重视教会学生获得和应用策略性知识，使之学会高效学习、高效解决问题的方法和技巧。因此，历史策略性知识的学习，是实现在历史课堂教学中培养学生学习方法与能力的必要途径。

根据知识分类理论进行历史学习方式的选择，就是要努力促使新知识与学习者认知结构中的原有知识建立联系，达到理解与应用的水平，提高历史学习的效果。知识类型仅仅是影响学习方式选择的因素之一，我们在选择学习方式时，还要考虑学习目标、学习条件、学生个性差异以及不同学习方式的特定功能，以便更好地促进学生综合能力的发展。

2. 在"找碴儿"中激发学习兴趣，培养历史思维能力

经过教学实践总结，"找碴儿"的教学理念是回答如何激发学习者对知识的好奇心和兴趣有效策略之一，同时还能养成学生独立思考、质疑探究的历史思维能力。

（1）让学生敢"找碴儿"

敢于"找碴儿"是实现该教学理念的前提与基础。随着学生的年龄增长，高中历史课堂上学生越来越"乖"，教师怎么说，他（她）就怎么做，习惯沿着教师的教学思路，成为接受者、倾听者。教师问学生答，成了课堂教学的固定模式。究其原因，主要是传统"师道尊严"观念的影响与书本权威的影响，再加上缺乏积极的课堂环境和激励赞扬机制，久而久之，学生缺乏质疑解惑的内在驱动力，越来越"乖"。要让学生敢于"找碴儿"，敢于质疑、批判、反思，首先要积极鼓励学生打破书本迷信，打破教师权威，提倡多元理解。

（2）让学生学会"找碴儿"

"找碴儿"绝不是简单的质疑、否定一切，它是建立在学生形成基本独立认知结构的基础之上，对可疑之处进行理性的、深度的思考过程，其结果是多样的，可能是通过对信息的批判性审视，更深刻地认识、理解该问题；抑或是通过批判性思维，在顺应或重构认知结构过程中合理扬弃并有所创新。我们可以找历史教材的"碴儿"，找历史教师教学的"碴儿"，找同伴历史学习的"碴儿"，找历史解题思路的"碴儿"，逐步深入。这种方式主要是让学生不唯书、不唯上、不迷信权威、大胆质疑，加深对知识内容的理解，调动已学历史知识、规律对问题进行深入思考，促使学生去查阅资料，或者从生活当中找出证据，然后对这些证据进行分析和整理，解答所发现的"碴儿"，在培养学生的历史探索能力和创新思维能力过程中，发展学生史料实证、历史解释等历史学科核心素养。

（3）让学生恒于"找碴儿"

通过"找碴儿"养成学生独立思考、批判性思维和创新能力非，一蹴而就之事。贵在引导学生将"找碴儿"成为一种学习习惯，而习惯的养成必须依靠常态的训练和培养。让学生在历史学习中"找碴儿"，是学生自主学习的一种行为表现，它建立在学生内在学习动机基础之上，并在此基础上坚持不懈。教师作为学生自主学习的引导者、促进者，在教学实践中，可以从学生的实际情况出发，结合教学资源，积极创设条件与机会，引导学生主动进行质疑、批判、探究和反思。

敢"找碴儿"、会"找碴儿"、恒于"找碴儿"，是历史教学中培养学生独立思考、主动学习的实践探索与经验总结。它是学生历史学习活动逐渐发展、不断成熟的过程，是由被动走向主动的过程，有其特有的发展价值。如发展学生的历史思维能力、自主探究能力、质疑和批判精神等。这些正是我国现行的教学改革所倡导的理念之一，正如《基础教育改革纲要》所指出的"强调形成积极主动的学习态度""使获得基础知识与基本技能的过程同时成为学会学习的过程""倡导学生主动参与，乐于探究""教师引导学生质疑、调查、探究"。在历史教学中的"找碴儿"理念所特有的价值符合、顺应当前课程教学改革趋势，后续教学实践中将继续发展、丰富"找碴儿"的教学理念与实践操作方案。

（四）优化课堂作业设计

作为课堂教学延伸的一个主要环节，作业的设计也是非常重要的。设计课堂作业的基本要求是要有助于促进学生对所学知识的巩固与深化，有助于对学生的探究意识进行培养，有助于促进学生历史思维能力和实践能力的提升。设计作业要摆脱传统单一的模式，不能过分依赖教材，要从以下几点着手优化。

1.迁移性问题设计

历史教师要结合学生的实际学习情况设计有助于实现知识迁移的问题，如让学生观察历史图片，设计诸如"图片中反映了什么信息、两幅图片有什么不同、用历史事实说明产生了哪些影响"等问题。

2.开放性问题设计

为培养学生的发散性思维，增强学生思维的创造性，可在历史课堂上结合社会政治生活背景设计相关问题。

3.研究性问题设计

按照学生的历史基础与学习能力对其进行分组，为每组学生设计不同的问题，引导各小组成员共同探讨、研究，发挥各小组学生的优势，帮助其巩固课堂学习效果，及时评价各小组共同探讨出的答案，多对其进行鼓励。

（五）优化教学技术设计

信息技术与学科的整合为历史教学提供了更广阔的空间，简约历史教学并不拒绝计算机等多媒体的介入，但使用任何媒体都应该从直观、实用和实效出发。例如，《美术的辉煌》一课图片很多，而且需要图片简介。教师课前将浪漫主义、现实主义、印象画派和现代主义美术相关作品的简介录音，让学生通过听觉、视觉的冲击，体验和感悟历史。最后运用网络和计算机，培养学生检索资料、概括资料的能力，促使学生学会与他人交流、合作学习，让课堂在灵动中得到升华。

（六）注重历史教学创新

在创新思维的理论指导下实施创新性的历史教学，首先要改变传统的课堂教学观念，从培养学生的创新精神入手，以提高学生的创新能力为核心，带动学生整体素质的自主构建和协调发展。历史课堂是进行创新教育的主要阵地，是对学生进行爱国主义教育的摇篮，是学生研究历史文化的基本途径，历史教师要创造性地组织课堂教学，具体要做到以下几点：

第一，在历史课堂教学活动中激发学生的探索精神，设计情境问题，培养学生自主探索的习惯。

第二，教师应根据教材设计中的课题分析引导学生动态研究，深入探讨。

第三，教师应根据各学段特征，结合学生的认知水平，让学生养成综合分析历史事件的习惯。

第四，教师应结合历史事实，给学生提出各种创造性问题，让学生分析问题，得出结论，引导学生分析结论的合理性、科学性、可预测性，进行合理性评价。

第五，教师应逐步培养学生独立、独特的创造性思维，以塑造学生的良好品质为出发点，全面贯彻个性化教学原则。

四、有效整合教学资源

（一）整合教材内容

在历史教学中，学生很难把握包罗万象的历史知识，而且很多知识点都比较零散，学生对不同知识点的内在联系缺乏系统的认识与正确的理解，所以他们大脑中构建的历史知识网也不成体系，各部分相对处于零散状态，这直接影响了他们学习的兴趣，也影响了课堂教学效果。这就需要在历史教学中高效利用教材，充分整合教材内容，实现有效教学。

教师处理教科书，组织实施教科书的内容，要坚持几项基本原则，如生动性原则、多样性原则、对学生自主和探究学习有利原则等。教科书是非常重要的教学材料，是教师上课的主要工具，教师能否有效整合这些材料，利用好这一工具，直接影响教学效果。

高中历史教师整合教材内容应注意以下几点：

第一，在了解时代背景和时代要求的基础上整合教材内容，尽可能适应相关要求。

第二，辩证地看待教材，将教材内容问题化，不要以照本宣科的方式将所有内容全盘托出，要善于用提出问题的方式引导学生探究，使其在探究性的学习中理解和掌握教材内容，有助于对学生分析与解决问题的能力进行培养。

第三，注重对乡土教材内容资源的开发，这有助于进一步激发学生学习的兴趣。

第四，将相关知识前后串联起来，把握内在联系，优化教材知识结构，这有助于使学生对教材内容进行系统的把握，也有助于实现知识的迁移。

（二）充分利用多媒体教学资源

在信息化教育背景下，多媒体教学资源在高中教学中得到了广泛的运用，在历史教学中应用多媒体教学资源，有助于以更生动形象的方式给学生呈现教学内容，有利于提高学生的学习兴趣和热情。将多媒体教学资源融入历史教学中，也为教师采用情境教学方法提供了方便，促进了课堂教学形式的拓展，突破了传统教学的局限。将多媒体教学手段运用于高中历史课堂上也是为了满足高中生的心理需求，主要是满足其好奇心，多媒体教学资源的运用使历史课更有感染力，使教师的教学显得更有表现力，这样更能吸引学生的注意力，有助于提高课堂教学效果。

（三）有效整合相关学科资源

历史学科与其他一些学科之间存在着密切的联系，正确把握它们之间的关系，并基于这些关系而有效整合与利用相关学科资源，有助于优化与提高历史教学效果。下面简要分析与历史学科密切关联的学科资源：

第一，"文史不分家"，语文学科与历史学科关系密切。高中语文教材为历史教学提供了很多鲜活的素材，如语文课本中的诸子百家与历史专题中的百家争鸣是可以互通的。

第二，高中政治也和历史教学密切相关。政治制度的演变是历史的必然过程，学生在政治课程的学习中能直观系统地掌握历史政治体制的演变过程，这样就能为学生学习历史做铺垫。

第三，"史地"是一体的，学生学习历史离不开对地理知识的掌握。学生有了地域分别的概念，才能在头脑中形成直观的历史图像。借助地理可以形成科学的历史空间的概念，这有助于强化学生对历史知识的理解。地理环境的变迁推动历史文明的演进。

（四）灵活机智利用课堂教学中的突发意外资源

历史课堂教学是一个动态的、开放的、不断生成的过程，是向未知方向挺进的旅程，随时都有可能出现意外的通道和美丽的风景。由于主观原因或客观原因，历史教师会在课堂中面对各种类型的意外，并根据历史教学目标的需要，变历史教学意外为历史教学资源。具体操作策略如下：

1. 把握意外，拓展历史课程资源

新课程理念下的历史教学不能拘泥于预设的教案，生成性教学既关注历史课堂教学过程也关注历史课堂教学结果。在历史教师的精心组织下，学生困惑的问题、暴露的错误、创新的思路甚至课堂偶发事件等，都能转化为丰富多彩的历史动态教学资源。历史课堂上我们应该敏于捕捉学生学习过程中的意外，善于发现意外背后蕴藏的教育价值，给学生思考的空间、表达的机会。即使学生真的错了，也不能责备学生。只要我们从容面对，巧妙地改变历史教学的内容和方式，就会有峰回路转、柳暗花明的效果。历史课堂教学过程中，学生"插嘴"是我们经常遇到的意外，但是学生的"插嘴"往往反映出他们的疑惑与需要。

2. 处理意外，生成历史教学资源

历史课堂是鲜活的、动态的，是师生共同成长的生命历程。然而，鲜活的历史课堂必定会给历史教师带来前所未有的挑战，即不可避免地遭遇一次又一次的意外。如何处理这些突如其来的意外？这需要历史教师有沉着冷静的心理和从容应变的机智。历史课堂在教师引导、同学合作探究、情境熏陶等外界刺激下，学生能保持一定时间的高质量的学习情绪。但由于个体差异，也可能会出现个别学生说话、做小动作、精力分散等情况，甚至有个别学生还会做其他学科的作业。此时，历史教师要泰然处之，不必大动干戈，一个期待的眼神、一句关心的话语、一个温柔的拍肩动作或许就能立竿见影，扭转局面。当然，有时历史教师在自己的教学中难免会出现一些失误，被学生"抓住"。历史教师如果能对自己的失误敏捷、巧妙地处理，化被动为主动，顺水推舟，巧妙迁移，把问题转给学生，就会收到意想不到的效果。

3. 利用意外，开发历史教学资源

新课程的历史课堂教学，随着学生主体性、自主性的增强，学生质疑、反驳、争论的机会大大增多，因此学生难免在历史学习中产生意外或错误。这些意外或错误其实是一种来源于学生本身的具有特殊教育作用的历史学习材料。历史教师可以通过生动、具体的历史课堂教学情境来认识、判断和捕捉这类意外，从而加以合理开发和利用，这对激发学生的学习兴趣、唤起学生的求知欲、促进历史课堂教学生成具有特殊的作用。在历史课堂教学中，历史教师充分运用学生的新想法、新问题、新思维，不但可以拓展历史课程资源研究的内容，促进历史课程资源理论研究与历史教学实践的结合，也有助于对历史课堂教学的推进，犹如枯木上发出的新枝，让人充满希望，充满激情，给历史课堂带来勃勃生机，带来更多的精彩。

4.巧设意外，创造历史课堂生成性资源

"课堂应是向未知方向挺进的旅程，随时都有可能发现意外的通道和美丽的图景，而不是一切都必须遵循固定的路线而没有激情的行程。"历史教学既是预设的又是生成的，历史课堂是师生共同活动、表演的场所，是一个充满了变数的"八卦"阵地。为了增强历史教学的有效性，教师在历史教学设计中可以留有"弹性时空"，对过程多作假设，形成弹性化的方案，为学生留足自主、自由思维的时间和空间。教师有时可预设意外，创设情境，让学生来辨别与分析。在历史课堂教学中，教师可以充分发挥学生学习历史新知识的主动性和积极性，使学生能够"有话就说，不怕说；有疑就问，不怕问"，将历史课堂的话语权还给学生，鼓励和引导学生积极交流、大胆质疑、努力创新，从而用好教学意外。

当然，并不是所有的历史课堂教学意外都可以作为历史教学资源利用，也不是所有可以作为历史教学资源的事件都要当堂处理。动态资源是否可以当堂利用，要看其是否服从和服务于本课的教学目标。历史教师只要用心去经营课堂，巧妙把握课堂上的意外，积极面对意外，化被动为主动，就能使历史课堂教学充满活力，让学生的灵性得以真正释放，让历史课堂教学大放异彩。

总之，历史教师要善于整合学科资源，从而激发学生学习的兴趣，培养学生学习的能力，提升学生的综合素质，这一举措也是新课改的基本要求。

五、加强思维导图的合理运用

（一）思维导图的作用

通过思维导图构建历史知识体系，有助于使学生形成通史观念，培养学生的发散思维，激发学生的学习兴趣以及提高学习效率。思维导图的作用具体体现在以下几个方面：

1.使学生从整体上把握历史知识结构

不管是绘制单元思维导图还是新课思维导图，学生都要先浏览所有内容才能找出关键词，然后根据关键词和一定的逻辑关系对本单元或本课相关的知识点进行分类，最后构建起整体知识框架。

2.提高课堂教学效率

历史课主题鲜明，但有时候历史时间跨度大，学生比较难以厘清时间，此时一张形象的思维导图便能解决这个难题。

3.培养学生的创造性思维

制作思维导图的格式不需要统一，学生可以开动大脑，自由发挥。学生可以按照自己对知识内容的理解制作具有特色的导图，教师要尊重学生的个性化设计，这有助于促进学生的个性化发展，培养学生的自主学习意识与能力。

4.培养学生的合作学习意识

学生自制思维导图后，为了避免思考不足，可与同学互换导图进行参考，学习对方的优点，指出对方的缺点，互相探讨之后各自完善自己的导图，这有助于培养学生的合作学习意识与团结精神，有助于活跃课堂氛围。

（二）思维导图的应用步骤与策略

1.应用步骤

将思维导图融入历史课堂，使学生拥有更多的自主学习时间和思考空间，使其主动参与知识体系的构建，有利于提高他们的学习能力。思维导图在历史课堂中的应用步骤如下。

（1）课堂教学导入

教师在历史新课教学中，需要先设计一个教学导入环节，导入的方法有很多，如故事导入、图片导入、情境导入、古诗导入等，教师可按照需要选择具体的导入方式。导入环节是新课的开始，好的开始等于成功的一半，导入的效果对思维导图的应用也有直接的影响。在导入环节一定要激发学生的学习乐趣和欲望，使其以饱满的精神状态进入正式学习环节。

（2）制作思维导图

学生制作思维导图时，要围绕主要学习内容从整体上把握课程脉络。学生一般都是按照自己对知识的理解制作导图。常见的导图制作方式如下。

第一，参考教师的导图框架，学生在此基础上补充与完善，形成自己的思维导图。

第二，学生阅读教学内容，查找参考资料，找出关键词，然后围绕关键词制作导图。

第三，划分学习小组，各组各自围绕关键词负责一个次关键词的内容，然后再将所有内容整合起来制作导图。

（3）交流讨论展示导图

在学生交流讨论时，教师参与旁听、适时指正，帮助学生纠正不足。对于思路清晰、结构完整的导图，教师可鼓励制作者向同学分享成果，并让其他同学学习其经验，也可以让其他同学进一步补充与完善该导图，使学生发挥主动性与创造性。

（4）评价标准

思维导图的评价标准主要有以下几条：

第一，结构完整度。

第二，内容清晰度。

第三，逻辑关系准确度。

第四，样式多样性。

以上几条标准相对独立，但相互影响，要综合起来对思维导图进行客观、全面的评价。

2.应用策略

思维导图在历史教学中的应用策略如下：

（1）构建整体知识脉络，抓住关键词

新课课题下的新课导读是对整节内容的总体介绍，可帮助学生在正式学习新课之前熟悉新内容。但因为学生的思维能力和思辨能力不够强，看完导读也不会有很深的印象，甚至完全不读导读内容。对此，教师要让学生多关注导读，从宏观上把握新课、新单元和新主题的整体知识，为制作思维导图奠定基础。然后抓知识点，最后修正完善导图，构成知识框架，方便记忆和随时提取需要的知识。

（2）不断激发学生的想象力和逻辑思维能力

思维导图和大脑思考方式具有一致性，都具有发散的特点。思维导图就是用鲜明的颜色、形象的图片将大脑思维过程可视化。将思维导图运用到历史课上，既有利于提高课堂效率，给学生更多的自主学习时间，又有利于发挥学生的主观能动性和积极性，使学生发散思维。制作具有自己特色的思维导图，在这个过程生学习的积极性不断提高，学习兴趣也得到增强。因而教师在利用思维导图时，要有目的地多使用引导法，如构建一个事件的主体框架，让学生发散思维去补充其他缺少的部分。

（三）思维导图应用的注意事项

在高中历史教学中，思维导图作为一个重要的辅助工具，既好用又有效，往往能够起到事半功倍的教学效果，但如果对这一辅助工具运用不合理，不仅达不到预期效果，反而会对历史课堂教学活动的正常开展造成阻碍。为提高思维导图在历史课上的应用效果，借此来优化历史教学效果，需注意以下几点：

首先，思维导图的主题词和次主题词之间的关系非常密切，也就是说，思维导图上的知识点之间都是密切相关的，存在一定的逻辑关系。在正式上课之前，教师要避免将自己已经制作好的思维导图完全给学生展示出来，否则会对学生自主思考的积极性造成影响。如果学生缺乏独立思考，只是被动接受教师的思维导图，那么他们很难掌握导图中的知识点，也难以理解各知识点之间的联系，最终导致记忆不清晰、不深刻。历史教师要想利用思维导图来活跃课堂氛围，提高课堂教学效果，就要尽可能利用一些多媒体软件将思维导图制作成可以手动播放的样式，这样就可以不必将整个导图呈现给学生，只选取需要呈现的一部分播放即可。此外，历史教师可以先不制作完整的思维导图，先将框架确定下来，留出空白让学生通过自主思考来进行填充。教师也可以在课堂上对学生制作思维导图进行现场指导，先让学生阅览教学内容，将关键词找出来，总结内容概要，在此基础上对思维导图进行绘制，如果学生单独完成思维导图有些吃力，可按小组合作的方式来制作，各小组成员充分发挥自己的主观能动性，积极参与到小组活动中，最后各小组相互交流，相互学习，教师对各小组的制作成果进行评价，并给出指导意见，使各小组学生进一步完善思维导图。

其次，思维导图这种思维可视化工具的制作没有固定的形式与结构，灵活性很强，制作者可将颜色丰富的线条和直观形象的图片加入其中。但要注意的是，学生不能将过多的注意力与精力放在对有色笔的选用或者对图片图像的美化上，否则他们会认为选用颜色和美化图片才是制作思维导图的重点，但事实是导图中内容的逻辑性与准确性才是重点，使用色彩线条和图形图像是为了突出重点，锦上添花。如果学生对美化图片感兴趣，可以在课后多练习，而不要过多占用课堂时间，否则会影响课程教学效率。

制作思维导图本身就不能拘泥于单一的形式，所以教师要尊重学生的个性和多样性，鼓励其多动脑，多思考，设计既有准确性、逻辑性，又具有个性化色彩的思维导图。

最后，不同学生对于同一历史现象或历史事件的看法或理解可能不同。学生会按照自己的认识与理解去制作思维导图，认识与理解不同，制作的思维导图也必然具有差异性。教师一方面要尊重学生的个性化特征；另一方面也要避免学生为了突出个性而随意进行历史思维导图的制作。虽然对于思维导图优劣的评判没有统一的标准，但教师至少要提出一些基本的要求，如内容正确、与关键词联系密切、各部分内容之间逻辑合理，等等，这样就能避免学生制作思维导图的盲目性。

第七章 历史教学效果的具体优化措施

第一节 历史教学内容的优化

教学活动是一个师生共同参与的开放性的活动过程，高中历史教学过程中，可受多种因素的影响，在掌握了影响高中历史教学的各种因素后就应该重视通过教学体系中的构成要素的调节和控制，选择学生最感兴趣的教学内容与教学方法，促进历史教学过程与教学环境的合理与优化，进而提高师生在高中历史教学中的参与积极性与参与度，最终实现良好历史教学效果。

一、教学内容的概念

教学内容，俗称教材，是为了实现教学目的和教学任务以教学形态的方式出现在课堂上的总称。

一些知识是否能作为教学内容，以教材形式呈现给师生，需要教材编写组人员的层层筛选，教学内容是学科教育者按照育人的要求，在总结前人学科教学和教育实践经验的基础上，遵循一定的原则和程序，从丰富的学科知识和技能中认真精选出来的。

历史教学内容是在历史教学实践中教师教与学生学的实践材料，历史教学内容是联结教师与学生的中介。

二、高中历史教学重点内容的确定依据

高中历史教学内容丰富，人类历史发展到现在已经有几千年的历史，历史教材中出现的和没有出现的历史事实都可以作为高中历史教学的内容，教师应结合教学需要、教材内容选择出各学期、单元、课时的重点教学内容，对历史教学的重点内容进行重点关注与施教。

正确地选择历史教学重点内容能够更好地促使学生进行历史知识的学

习，提高历史文化素质，养成历史意识，建立正确的历史观。高中历史教学重点内容的确定依据如下：

（一）历史课程教学目标

历史课程教学目标对历史教学重点内容的选择具有重要的指导与启发作用，历史教师在明确本次课的重点教学内容时，应充分考虑本次课的教学目标是什么，对本次课所涉及的所有教学内容进行分类，选择出最能实现教学目标的教学内容进行重点阐述、讲解、分析。

（二）史学教育价值取向

历史教学具有多元教育价值，不同的历史教学内容的教学活动开展可发挥不同的史学育人功能，教师应重视对历史教学内容进行整理、分析、筛选，重点突出那些对学生最优教育价值，能帮助学生树立正确的历史观、价值观、世界观的教学内容作为教学重点。

（三）教学内容自身特征

历史教学内容是师生间连接的纽带，发挥着联结教师与学生的中介作用，其对整个教学过程都具有非常重要的关键性作用，能够强化师生的信息沟通。

高中历史教学实践中，历史教材编写者和历史教师对教学内容进行选择时，不仅要符合特定的依据，也要遵循特定的原则。历史教学内容具有自身的特征，对于与历史教学实践不符的历史教学内容应果断摒弃。

尤其是历史教师在历史课堂教学设计中，在前期的教学设计准备过程的历史教学资源收集整理方面，要尊重历史，要重视对具体的资源（如图片、影视作品）的真实性、是否符合历史事实进行严格的考查。

（四）学生身心发展规律

不同的学生群体、个体彼此之间存在着性别、年龄，认知、知识基础等方面的差距，历史教师在教学内容和教学重点的选择上，要充分考虑到所面对的教学对象——学生的身心发展规律。

在高中历史教学中，历史教师面临的是高中阶段的学生，这一阶段的学生已经建立了基本的价值观和世界观，但还不完善，不同的学生对历史事实与人物的了解程度也不同，因此，教师应充分考虑学生的身心发展特点来选择和确定教学内容与教学重点。

从学生身体发展规律来看，历史教师选择和确定历史教学内容与教学重点，应充分考虑学生的大脑发育水平、知识认知水平、逻辑思维能力、想象能力等。

从学生心理发展规律来看，历史教师选择和确定历史教学内容与教学重点，应充分考虑到学生对民族情感的认同、爱家爱国情怀的发展水平，通过历史教师的正确指导，促使历史教学内容的育人作用真正发挥出来。

（五）学生学习和发展需要

历史教学以促进学生身心发展、培养现代化社会人才为目的，历史教师对历史教学内容进行选择的一个必要的因素就是学生对历史的需要和兴趣。如有些学生对历史朝代变迁与政治制度比较感兴趣，有些学生对历史经济变革感兴趣，有些学生喜欢研究历史科技与文化内容，有些学生则热衷于钻研历史上的战争事件。

历史教学中，良好教学效果的获得，离不开教学过程中师生的积极参与，学生自身积极和努力尤其必不可少。通常，学生越感兴趣的事情，其参与的动力就越大，学习的效率也将倍增。历史教学内容的选择，必须是学生可以接受，并且感兴趣的，以便于充分调动学生学习的积极性与主动性，以优化教学效果。

（六）社会发展需要

历史教学的本质是育人，历史教学的重要意义在于引导学生建立历史意识，能通过历史事件反思当下社会，能设想与参与现代社会建设。因此，在高中历史教学中，最佳的教学内容一定是能培养学生成为当前社会发展需要的人才的那一部分内容。

科学选择历史内容，既要促进当前学生的发展（如学生的历史学习要为升学服务），还要为学生之后融入社会、建设社会奠定良好的基础。

三、高中历史教学内容优化原则与策略

（一）坚持教学内容的教育性

要想将历史教学内容的选择作为师生教学信息沟通媒介来实施教学活动、实现历史教学价值，就必须注重所选教学内容的教育性。历史教师要从历史教材中选择出最具有教育价值，最能促进学生的历史文化素养提高和历史价值观形成的教学内容作为教学内容，或以这些教学内容为基本教学资源进行加工、整理、丰富；在历史课堂教学中，历史教师还要能在一节历史教学课的诸多教学内容中进行重点讲解与讨论。

学生正处于价值观、世界观形成的关键时期，意识培养与思维发展也处于快速发展期。这一时期要重视对青少年学生的价值观教育、思维发散、道德教育，通过历史教育促进学生的健康发展。

具体来说，在历史教学实践中，教师优化历史教学内容应做到以下几点：①历史内容选择必须符合历史课程教学主要目标。②历史教学内容的选用、加工应符合教育基本理念与观点，注重学生的正确价值观、道德观等的教育。③对历史教学内的价值观进行梳理，使其与当代社会的固有价值观同步。

（二）重视教学内容的科学性

高中历史在进行历史教学时，要选择正版的教材，这是确保教学内容的科学性的重要基础。当然，对于现代高中历史教学来说，教材知识是教师进行历史教学的一个参考基础，有很多教学内容需要教师自己去收集、整理，结合教学目标进行教学设计，将教学内容以最佳形式呈现给学生。

科学性的教学内容选用与教学呈现，要求历史教师做到以下几点：①在高中历史教学大纲范围内选用教学内容。②教学内容应与学校教学的指导思想、教学实际相结合。③教学内容应满足考虑不同学生的学习需求，在促进学生历史知识丰富的基础上，满足不同学生的个性化发展需求，为学生提供尽可能多的可供选择和提高的教学内容（体系）。④科学性不足的历史内容不应进入课堂。⑤多渠道获得的历史教学资源（如从网上检索的教学资源），应确保其真实、客观。

（三）关注教学内容的实效性

历史教师优化选择、呈现、解析历史教学内容应确保最终所输出的教学内容的实效性，这种实效性要求如下：①不选择"难、繁、偏、旧"的教学内容。②教学内容选择与呈现应充分考虑学生的历史学习兴趣，如对教学内容的影视教学设计、多媒体教学呈现、将历史教学内容学习融入教学游戏与角色模拟、历史剧表演中。③重视教学内容与学生生活和现代社会的联系。

（四）突出教学内容的趣味性

兴趣是帮助一个人学习的最好的老师，历史兴趣是学生对历史的一种积极的认识倾向和情绪状态。历史教师优化教学内容应注重对教学内容的生动立体化改造，让书本上的教学内容能以更加生动形象的形式呈现出来。在历史课堂教学实践中，对一些历史文化、艺术的教学内容应注重趣味性改造，对历史制度等比较枯燥的内容可以穿插历史故事进行讲解，以拓展课本文字教学内容，使整个历史教学不那么沉闷，更加有趣。

（五）注重历史与时事的结合

高中阶段学生学习历史，不仅限于知道历史事实，通过历史教学内容的学习，教师应为学生的当下发展需求服务。①教学内容要有助于帮助学生形成正确的历史思维。②面对学生需要考试升学的需要，应将教学内容进行考点梳理与讲解。③重点抓与当下社会热点、价值观、道德观贴近的教学内容。

第二节 历史教学方法的优化

一、教学方法的概念

关于教学方法，不同的学者有不同的认知，分析如下：①教学方法是教学系统的重要组成部分。②教学方法是"教"与"学"的统一，可有效促进师生的双边互动。③教学方法受到特定的教学理论的指导。④教学方法是在教学过程中，教师和学生为实现教学目的，完成教学任务而采取的教与学相互作用的活动方式的总称。

综合上述内容，教学方法是为教学目的服务的，具有可操作性的，有一整套程式或方式来引导、调节教学过程的所有方式方法的总和。

二、历史教学方法的类型

教学方法从教学活动参与主体的使用情况来看，可以分为教师的教的方法和学生的学的方法，这里的教学方法主要是指教师的教的方法。

从历史课堂讲授与活动开展的角度来看，教学方法分为历史课堂讲授方法和历史课堂活动组织方法，前者主要包括讲述法、讲解法、讲读法、谈话法、图示法、演示法、板书法等；后者主要包括讨论法、辩论法、史料研习法、角色扮演法、竞赛法等。

三、历史教学方法的优化运用

历史教学方法种类多样，这里重点介绍以下几种方法的操作程序及优化运用要求。

（一）讲述法

讲述法是指以教师为主导，由教师以口述语言向学生传授历史知识的教学方法。

历史讲述法的应用，要求教师系统地、有组织地用言语传授特定历史内容；要求学生尽可能地、完整无误地接受教师所传授的历史知识。

与其他历史教学方法相比，历史讲述法通过语言表述历史事实材料和对象，让已经过去的历史现象"复活"，并创造性地在学生的脑海"重现"，这需要教师生动、形象、极富感染力的语言讲述。

历史讲述法可细分为叙述、描述、概述三种方法：①叙述。教师按照历史事实发展顺序进行完整、清晰、有条理的语言表述。②描述。教师对重点历史事实和历史内容进行生动、形象、细致的语言表述。③概述。教师对非重点历史事实进行简洁、明了的语言表述。

高中历史教学实践中，教师优化运用讲述法，应做到以下几点：①明确目标，拟定向学生传授的特定历史教学内容。②结合学生特点整理教学内容要点，循序渐进，由浅入深地呈现主题内容。③按照提纲所罗列的内容逐条讲授，尽可能地带有启发性。④按照历史时空、事件及历史人物的特点讲述。⑤对代表性情节详细讲述，对次要内容扼要概括讲述。⑥注意语言的简洁和清晰度，尽可能地有感染力。⑦合理调整讲授时间，适当与其他教学方法相结合。

（二）讲解法

历史教学讲解法是指教师运用语言对历史事实进行分析、论证，以揭示事物本质及规律的教学方法。

高中历史教学不仅为学生提供具体事实资料，提高感性认识，更重要的目的是使学生通过对感性认识进行深入思考，发展思维，形成对历史本质和规律的认识。

历史讲解法在高中历史教学中的运用程序如下：

1.科学分析与综合

历史教师要把教学内容分解开来，对各部分内容进行逐一考查、说明，再将各部分内容进行归纳，从整体上做出恰当的结论。例如，针对《辛丑条约》

的内容讲解，从政治、财政、军事三个方面进行具体分析该条约带来的损害，说明当时清政府在政治、经济、国防方面的权力丧失，最后说明《辛丑条约》的签订使中国完全沦为半殖民地半封建社会的深渊。

2. 全面比较

教师对不同时间、空间的历史事件与人物进行比较，分析异同。比较要尽量做到全面化，既要进行历史横向比较，也要进行历史纵向比较；既要进行历史宏观比较，也要进行历史微观比较。

3. 概括

将一些历史现象的共同点归纳在一起，以达到解释历史事物本质和规律的目的。

历史讲解法的优化运用应注意以下几点：①讲解要明确，突出教学内容重点、难点、特点。②讲解要正确。注重教学内容（历史文化、事件等）的准确描述。③讲解要生动、简明，有重点。讲解应生动形象，加深学生理解。④讲解要通俗易懂、深入浅出。⑤注重讲解的时机和效果。⑥重视讲解内容的前后关联性。

（三）演示法

演示法是指教师通过历史地图、图像、简表、实物等手段展示，促使学生掌握某一历史信息、概念或深化对某一历史问题认识的教学方法。教学中，教师演示教学内容信息，学生通过观察了解具体知识。

历史教学演示法操作步骤如下：①向学生介绍演示主题，提出启发性问题。②讲解演示中涉及的教学知识，方便学生认识相关知识，观察有重点。③适时把握演示时机进行演示，可边讲述边演示。

要通过演示法有效展示教学内容并收获良好的教学效果，教师需要注意以下几点：①提前将演示的内容、材料、步骤设计好。②注意演示步骤。③注意演示时间的分配。④注意演示观察与相关的结论信息相互印证。

（四）板书法

板书法是传统历史教学中的常用教学方法，在现代教学中也较多使用。发展到现在，板书不仅是一种重要的历史教学方法，也是历史教师的一项重要的教学技能。

通常来说，历史教师的板书教学法主要有以下几种：①表格板书法。

通过相似事物、事件进行对比分析，归纳异同，以便于学生掌握历史知识。②线条式板书。根据史实的发展过程，选择关键性词语，用线条、箭头等连接起来构成的一幅流程图。③图解式板书。以示意图的形式帮助学生认识事物结构、空间位置和演变。④结构式板书。对重大历史事件进行分解、归纳，简约概况，一目了然。⑤方位式板书。按地理方位对历史事件的空间位置进行形象直观的描述，方便学生理解地理位置关系，事件发展过程。

（五）史料研习法

史料研习法是指师生共同对历史资料进行探讨研究的教学方法，也称为史料教学法。

史料研习法的实施步骤如下：①结合史料、教学内容，选定主题。②选择史料相关资料，并适时提供给学生。③组织学生根据研习主题对材料进行辨析、分析、比较。

史料研习的科学化教学方法应用与教学效果优化，要求历史教师做到以下两点：①选择的材料要恰当，教师指导要到位。②史料研习活动与讨论结合进行，效果更佳。

（六）讨论法

历史教学讨论法是在教师的组织和引导下，学生围绕历史问题进行语言交流、发表意见，达到教学目标的教学方法。

根据历史教学课堂讨论的组织形式，讨论教学法可分为对谈式、群体式与分组式等讨论方法。不管是哪种方法，基本教学操作步骤大致如下：①根据教学目标选择讨论内容。②根据教学需要分组，明确讨论形式。③组织实施讨论。④小组小结，教师总结。

历史教学讨论法的优化运用要求如下：①讨论的问题应是教学重点或难点。②教师要善于鼓励学生主动发言，畅所欲言，同时，实事求是。③注意调控讨论时间。④对各小组讨论过程与结果进行教学评价，肯定学生良好表现，指出不足和改进之处，注意不要打击学生积极性。⑤教师进行教学总结，可结合学生讨论情况进一步提出需要思考的问题，引导学生继续学习和研究。

（七）谈话法

谈话法是指教师与学生在课堂上进行对话、问答的方法，具体包括启发性谈话、概括性谈话、巩固性谈话、考查性谈话等。

谈话法的教学运用程序如下：①根据教学目标与内容，确定谈话主题。②提炼谈话内容中的问题。③采用合适的谈话方式进行谈话。④谈话总结。

在历史教学实践中谈话教学法的优化运用要求如下：①科学选择谈话内容，不过度谈论复杂或模棱两可的问题。②事先构思问题答案的范围与多种可能性。③学生没有思考和探索时，不提供正确答案。④谈话侧重于对问题的探究，不以提问为难或惩罚学生。

（八）角色扮演法

角色扮演法指学生在教师指导下扮演历史或虚拟人物角色，通过角色扮演活动加强对教学内容的理解和掌握的教学方法。通过角色扮演，能营造一种特定历史情境，有助于调动学生的学习积极性，加深学生的学习体验。

历史角色扮演教学法实施的基本步骤如下：①确定或引出问题，探讨故事冲突，说明所要扮演的角色。②分析角色，挑选参与者。③布置舞台，划定表演路线，进行道服化准备。④表演。⑤讨论与评价，经验分享，问题讨论。

要优质运用历史角色扮演法，应做到以下几点：①教师要预先选择主题，构想、构建历史情境。②教师要事先与学生一起讨论"剧本"和角色分配，帮助学生准备角色。③角色表演的台词、相关资料应符合历史事实，可鼓励学生自行设计场景、情节、对白等，依据历史进行合理化想象。④教师做好舞台表演调度。

在实际的历史教学方法优化运用及创新运用过程中，教师必须重视教学方法优化策略中的系统性和操作性，教学方法应用于教学实践后，教师还应重视对教学方法产生的效果进行跟踪了解，可通过学生的学习反馈收集、整理、分析教学方法使用效果的反馈信息，并对教学方法进行再一次的优化调整。

第三节 历史教学模式的优化

一、教学模式的概念

关于教学模式的概念，有以下几种阐述：①教学模式是在教学思想指导下，典型、稳定的课堂教学结构。②教学模式是教学思想指导下的相对稳定、系统、理论的教学模型。③教学模式是一种活动策略和方式方法体系。④教学模式是一种教学活动模型。⑤教学模式是在一定教学思想或理论指导下的教学活动范型。

简单来理解，教学模式是在教学思想指导下的一种为实现教学目标的较为稳定的教学活动程序。

二、历史教学常见教学模式实操

（一）小群体教学模式

小群体教学模式是在教师的指导下，将学生进行分组，通过小组讨论了解教学知识的教学模式。

小群体教学模式关注学生作为教学的主体地位，重视学生的社会性发展，有助于提高学生的表达、协作、竞争、社会适应力。

（二）快乐教学模式

快乐教学模式最早是从日本传入我国，其注重学生在教学中的快乐参与与体验，要求教学应调动学生的积极性与主动性。

历史教学的快乐教学模式从情感教学入手，强调勤学、乐学，强调教育的"以人为本"，强调让学生在快乐的氛围中接触、参与、学习历史，掌握历史知识，增强历史思维。

历史教学中快乐教学模式设置操作如下：①结合历史教学内容的教学游戏、教学故事课堂导入，调动学生学习积极性。②提出低要求的学习目标，学生轻松挑战完成。③提出稍高难度的学习问题，让学生挑战解决问题。④学生结合教学活动，自定目标和创设教学活动与环境。⑤小组评比，优化。

（三）成功教学模式

成功教学强调教学过程中学生的主体地位，要求通过教学，使学生克服一定的学习困难，并通过自己的努力完成学习目标，让学生有学习成就感，为之后持续学习建立学习自信。

在历史教学中，成功教学模式的事实强调在教学中重视学生"成功感"的获得。在教师合理引导下，使学生坚持不懈地完成学习任务，注意教师布置的学习任务应符合学生的学习水平，使其通过努力可以达成学习目标。目标设置太高会打击学生学习积极性，目标设置太低不能有效激发学生的学习成就感。

（四）自主教学模式

自主教学模式以"学生是教学的主体"为教学指导，强调教师应通过良好历史教学环境的创设，提高学生的学习积极性与主动性，让学生从"要我学"变成"我要学"。

"自主学习"模式是一种现代化的教学模式，尊重了学生的不同学习能力和水平，能够消除高中历史教学的依赖性和无序性，促进学生各种综合能力的全面提升。

PBL（Problem–Based Learning）即基于问题的学习理念，是 20 世纪 60 年代创立的一种自主学习教学模式。教学中，要求教师为学生设计一个具有复杂、混乱问题的教学环境，使学生成为情境中的角色，引导学生自主探索、讨论、解决教学情境中的问题，激发学生思考。在自主学习教学模式下，教师从传授者变成了引导者，能有效减少学生在历史学习中对教师的依赖，有助于提高学生的主动学习意愿、提升学生的自主学习能力。

（五）探索教学模式

探索教学模式强调学生在学习过程中的发现、思考、领会，强调教学过程中对学生的学习能力的提高。

历史教学中，探索教学模式的实施，要求教学应以学生为中心，整个教学过程应做到先尝试，后学习，重视学生在历史学习中的整体学习与把握，将学生引入教学情境中，重视发展学生思维，让学生在实践中（活动中或比赛中）去发现问题，激发学生对问题的分析、探索、思考，有助于提高学生的自主学习能力。

历史教学中的探索教学模式的操作程序如下：①教师根据历史教学内容、教学目标创设教学情境。②教师结合教学情境提出问题。③引导学生在教学情境中进行尝试性分析、讨论，找出问题答案。④引导学生进行问题答案的分析、验证。⑤教师对学生的探索进行评价，开展正常的历史教学，揭示问题答案。

（六）多媒体教学模式

多媒体教学辅助技术是随着多媒体教学技术的发展而发展起来的，是在教学实践中对多媒体教学技术的教学应用。

多媒体应用于高中历史教学，是高中历史教学发展的现代化表现和发展必然。高中历史多媒体教学模式的实施需要多媒体技术教学支持，教学实践中，教师应注意以下几点：①建立完整的多媒体教学系统，通过历史录像、图片、影像等的引入，提前做好多媒体技术准备、教学资料准备。②避免单纯为了追求教学"新"而采用多媒体教学。多媒体教学应与教学需要相适应。

（七）网络教学模式

互联网教学是互联网时代的高中历史教学新尝试。这种教学模式的实现需要学校建立流畅和完善的校园教学网，提供健全的互联网在线教学支持与管理，确保网上教学活动的顺利开展与实施。高中历史教学模式实施要求如下：①教师应具备网上课件开放、编辑、加工的能力。②做好网络课堂管理，确保学生的有效在线学习。③做好线上、线下历史教学活动组织与管理。

目前，我国高中历史教学中，尝试网络教学模式的学校非常少，但是教师利用聊天软件指导、引导和组织学生开展历史学习、参观的活动可以看作是一种网络教学模式实施的尝试。

三、历史教学模式的创新策略

（一）重视教学对象分析

学生作为历史教学对象，是教学活动的主体。教师了解学生、分析学生，是教师科学选用历史教学模式的重要基础。

对于历史教师来说，在高中历史教学中，无论历史教师选择何种教学模式，都应该在基于充分考虑学生的具体情况下进行选择。

对于学校历史教学工作者来说，应充分了解不同年龄段的学生特点，充分考虑学生的学习需求和历史需要，有的放矢，科学选择、组合、改革历史教学模式。

（二）借鉴与创新相结合

历史教学模式创新必须有轨迹可循，要以一定的教学理论为指导。

要不断优化历史教学，历史教师就必须重视加强自我的教学理论学习，加强历史教学模式最新研究和动态发展的学习，积极借鉴国外的先进教学模式理论、借鉴国内的先进教学模式理论与成功教学经验，结合本校、学生特点与需求，优化、改革历史教学模式。

（三）加强教学信息建设

随着现代科技的快速发展，现代教学活动中，先进技术产品和手段的运用也在很大程度上提高了教师的授课效率，也被新时期学生群体所喜爱。

互联网信息时代，历史教学模式的创新离不开各种新教学技术的应用。为了更好地实现新历史教学技术对历史教学模式实施的支持，应加强校园教学信息建设。①各校之间建立一个公共历史的教学资源共享平台，实现教学信息共享。②借助多媒体，建立校园网，为学生的历史学习提供更多元的资源获取途径与便利，拓展包括历史学科在内的学生的多门学科的学习内容与空间。

依托互联网技术和计算机技术，"课堂 + 网络自主"教学的实施，有利于打好学生历史基础，为学生提供更多的历史资源和兴趣空间，同时有利于培养学生的自主学习能力。

对历史教学模式进行简明、科学、操作性方面的评价，以便于教学评价工作的顺利开展。这是新时期历史教学改革对历史教学模式评价的客观要求。建立健全历史教学模式评价体系、不断完善历史教学模式应注重以下几点：①以历史教学目标为基础评价历史教学模式。②历史教学模式应适于教学实际。③重视评价反馈信息的全面化、真实性。④重视评价标准的多元化。⑤以教师个人或集体经验为依据，对现有历史教学模式不足进行完善创新。

第四节 历史教学环境的优化

一、教学环境的概念

教学环境是学校教学活动所必需的主观条件、客观条件的综合。其是依照人的身心这种特殊需要专门设计和组织起来的环境。在教学论中，教学环境通常有广义和狭义之分。广义上的教学环境不仅涉及学校空间内教学环境，还涉及整个社会的政治经济制度、科学技术水平、社区文化、家庭条件、亲朋邻里关系等；狭义的教学环境指学校教学活动的场所、物质环境、校风班风、师生关系、校园信息及校园内部的舆论、学校规章制度等。

二、历史教学环境的构成

教学环境的良好创设有助于师生良好的教学情境的营造。良好的教学物理环境对于积极教学心理环境的营造，多样灵活化的教学方法和教学手段的应用，综合个性化的教学组织形式的选择，良好师生关系的建立，以及学生的全面成长等，都具有十分重要的推动和促进作用。

（一）教学物理环境

教学物理环境，具体指教学赖以依赖的物质基础和物理条件整体，具体细分如下。

1. 教学的自然环境

教学自然环境具体指历史教学的整个教学物质基础，不仅限于教师的物理环境，还包括整个校园的物理环境，如教室所处位置、学校地理位置与环境、教室室内布置、校园物质环境。

一般地，我国绝大多数学校在物质环境建设上，更多地考虑为学生身体安全提供适宜环境，较少考虑是否有利于学生的心理安全。

在历史课堂教学中，教室的色彩、光线、温度等，都能作用于师生的感官，进而影响师生的心理状态，影响教与学的效果。研究发现，适宜学生智力活动的教室温度是 20℃~25℃，每升高 1℃，学习能力降低 2%，气温超过 30℃，会增加大脑消耗，学习质量会大大降低；光线过强会使人烦躁、头晕，光线过弱不能引起大脑足够兴奋；过强或闪频过度可使学生头痛恶心，会对学生大脑发育造成危害；浅蓝色和浅绿色可使学生心情平静，而浅红色和深黄色可使学生情绪激动；让教室变得更加"柔和"，呈现出暖色调、明快的风格及多样质地（如木质），可令教学环境安全舒适。

2. 教学设施

教学设施是影响教学效果的一个重要环境因素，在历史教学活动开展过程中，教学活动的必需品，如课桌椅、实验仪器、图书资料、历史器材、各种电教手段等，这些工具与教具的数量、摆放位置、清晰度、呈现效果、质量等，都会影响到教学活动的开展效果。良好的教学设施能为历史教学提供良好的物质条件与环境。

图书资料、课桌椅等教学设施的布置应体现以学生为本的教学理念，为师生交流、学生合作提供良好的互动环境。

3. 教学的时空环境

教学的时空环境要素包括教学时间的安排、班级规模、座位编排方式等。

通过合理安排教室的空间,尽量减少对学生的干扰,可增强学生心理安全感。

教学时间过长或过短都不利于良好的教学效果的获得。教学时间过长,师生的教学注意力难以长时间集中,会导致教学疲劳,影响教学效率与质量;教学时间过短,师生还没有进入教学状态,教学时间就结束了,师生获得的知识难以有足够的时间去消化,也会影响教学效果。

班级规模、学生人数与教室的空间密度相关,教室空间小、学生数量多,人均空间过分拥挤,会让师生有不良反应,如烦躁不安、好斗、富有攻击性、压抑等,会影响师生的教学情绪与参与积极性。

座位编排方式指教室内桌椅的排列形式。常见的桌椅排列方式主要有横排式(秧田式)、马蹄形、小组式、对列式等。可根据教室进行不同教学空间的划分,不同的教学空间,师生的关注程度不同、参与程度不同,会影响师生交往和人际关系的建立,影响教、学的动机、态度、课堂行为等。通常情况下,前排和中间的学生最易被教师控制,课堂行为积极;后排学生容易被教师忽视,容易放松,可能产生消极行为。

（二）教学心理环境

教学心理环境具体指教学课堂上所有成员共同的、稳定的心理特质或倾向。教学心理环境作为一个情感场域,包括教师的心理状态,也包括学生的心理状态,它是师生相互影响的结果。

在高中历史教学中,采用班级集体授课形式,教师一对多开展教学活动,师生的教与学在这个团体中的学生不可避免地会相互影响,同时也受到团体的影响。一方面,教师的观念意识、行为、教学风格等会影响学生的历史学习态度、期望、价值及行为;另一方面,学生的学习态度、与教师互动、教学反馈,会影响教师的教学情绪与情感。

根据教学心理环境中教师与学生的心理趋向和行为模式的外显,可以将教学心理环境划分为三种基本类型:积极的、消极的、对抗的三种形式。

消极的教学心理环境中,学生紧张拘谨、心不在焉、反应迟钝,师生缺乏有效互动,相互回应消极。

对抗的教学心理环境中,学生被动服从或无视排斥教师的教学,教师的灌输与学生的被动接受是必然的产物;教师放弃对一些"坏学生"的管理,在教学中无视他们。

积极的教学心理环境中，师生平等交往，教师凭借自身的学识和人格赢得学生的认可与尊重，教师鼓励学生挑战课本、教师，学生自主性意识和创造性思维的发展获得了可能性。师生关系向着认同与同化的水平发展，教学相长。良好的教学心理环境，有助于形成良好的师生关系，提高学生学习效率和学习动机，增强学生学习动力等，对实现教学目标具有重要促进作用。

（三）校园历史文化氛围

学校是否重视学生的素质教育、爱国主义教育，对在校师生是否重视历史教学活动参与具有重要影响。

一般地，在有丰富多样的校园历史文化活动的学校，学校将各种历史教育活动融入校园物质环境建设中，如校园历史人物塑像、校园宣传栏的历史教育与爱国教育内容宣传等，对于师生尊重历史、培养爱国情怀具有重要帮助作用。此外，校园历史与文学、艺术及其他学科也有一定的交织，丰富的历史文化活动开展，如历史邮展、历史题材摄影、历史知识竞赛、历史文化讲座等，都有助于师生重视历史的教学活动开展与参与。

（四）网络教学环境

现代信息化教学需要信息技术硬件和软件的支持。因此，在教学环境中，教学网络环境是非常重要的一个构成要素。

在现代化历史中，网络教学逐渐渗透到学校各个学科教学中，信息技术在历史教学中的运用也促进了历史教学的网络教学的实现。新时期，学校应重视校园网络教学环境建设，为历史网络教学发展提供环境与条件支持。

三、历史教学环境优化方法与措施

（一）加强教学物质设施建设，优化教学物理环境

课堂教学物理环境是教学赖以进行的物质基础和物理条件，它的建设应做到为课堂教学服务。

①学校的自然环境条件、教室的位置、教室内部结构的格局、座位的编排方式、教室设备的配备等都是为特定的有目的的课堂教学服务的，以有效实现课堂教学目标为根本的追求取向。②学校应充分挖掘与教学内容密切相关的教学工具与手段，使得学生身处充满教学意义的环境之中，耳濡目染，使历史学习融入日常生活、学习，使之成为习惯。③完善学校校园网的建设，为师生参与网络教学配备相关设备。

（二）关注学生心理，优化教学心理环境

历史教学实践中观察发现，学生情绪的调动、学习积极性激发和维持，在很大程度上依赖师生的非语言交流。教师在课堂教学中的面部表情、眼神、肢体语言等，都会对学生的心理产生影响。

历史教学中，教师要善于运用非语言沟通方式营造教学心理环境，具体要求如下：

首先，重视面带微笑或者结合具体教学内容感情投入地讲解，教师还应用眼神鼓励学生、肯定学生，消除学生的紧张心理和对立情绪，表达教师的关怀与爱护，增强学生对教师的心理安全感和愉悦感，以促使学生积极配合老师、全身心投入历史学习。

其次，教师在课堂上要给予学生及时有效的反馈，包括及时给予学生有效的知识、表情、神态、肢体动作等信息反馈，能增进师生之间的情感交流，能使学生感受到被关注，能让学生感受到教师的重视，对于调节课堂气氛、推动教学活动的开展具有积极作用，可促进整个课堂形成良好的教学心理环境。对此，教师应有所关注，一定不要在历史课堂上，一味地自顾自地照书讲解，不关心课堂学生的心态与情绪变化，不与学生交流。

（三）构建和谐师生关系，活跃课堂氛围

对于学生来说，不同教师的教学领导方式与教学风格，会形成不同的教学心理环境及不同的学习效果。通常教师的领导方式有四种：强硬专断型、仁慈专断型、放任自流型、民主型。

教学实践中，民主型教师更受学生欢迎，此类教师的教学领导方式与教学风格更受学生欢迎和喜爱，有助于和谐师生关系的建设，促进师生积极沟通、互动。

此外，在历史教学中，教师应重视"鲇鱼效应"，调动学生积极性。在群体心理学中，将个别充满活力并具有竞争力的人加入群体中，使群体内部发生情绪改变，使整个群体充满活力，称为"鲇鱼效应"。教师要善于发现、培养、利用这样活跃的"鲇鱼"，要重视班级中的历史学习课代表、班干部、历史爱好者的榜样带头作用的利用，通过他们带动全班学生，活跃课堂气氛。

第八章 合作教学视域下的历史微课教学探究

第一节 合作教学的概念及教学现状

一、合作教学的概念

合作教学模式是教育研究者为了应对传统教学模式弊端，经过长期的研究及实践而提出的新型教学模式。由于它在改善课堂内的社会心理气氛、提高学生的学业成绩、促进学生形成良好的非认知品质等方面实效显著，被人们誉为近十几年来最重要和最卓有成效的教学改革。美国著名教育评论家埃利斯和福茨在其《教育改革研究》中说："合作教学如果不是最大的教育改革的话，那么它至少也是最大的之一。"如今，合作教学在世界上被多数国家普遍采用，收到了良好的实践效果，相信未来阶段此教学模式的被认可度及普及程度会越来越高。

总体来说，合作教学模式的主要理论依据有以下三个方面：其一，合作是人类相互作用的基本形式之一，是人类社会赖以生存和发展的重要动力，是人类生活中不可缺少的重要组成成分；其二，从心理学角度看，教学中的多向交流更能发挥教师与学生之间相互作用的潜能；其三，教育过程中尊重学生既有的知识体系及个人见解，可以更好地促进学生获取新知识及对之作出新的认识，从而获得教育的最大效益。

二、合作教学的教学现状

（一）合作教学模式的认知现状

合作教学兴起于 20 世纪 70 年代的美国，经过若干年的发展，取得了实质性进展。我国自 20 世纪 90 年代初引进合作教学理论，在实践中收到了很好的效果。新课程改革中，提出"自主、合作、探究"式教学，使合作教学模式受到更多的关注，越来越多的教育工作者认识到合作教学模式对教学质量的提高有显著的效果，因此对合作教学充满了兴趣。现今，合作教学模式的研究取得了很多理论成果，而且对合作教学模式的研究正在逐步取代对传统教学模式的研究。

当然，也有一部分教育工作者并不赞同合作教学模式，认为此模式空有完美的理念，难以在实际教学中实施。此认识基于中国现实的客观环境，同样有其充分的理由，如师资力量薄弱、教师素养有待提升；学生多学校少、班级人数庞大，有限的空间及时间没有办法开展合作教学；学生参与积极性不高，教师的热情倡导被冷落等。正是基于此种认识，很多地区在教学活动中依然采用传统教学模式。

（二）合作教学模式的实践现状

虽然广大教育工作者对合作教学的优点充分肯定，主观认识上也赞同合作教学模式，但是在实践中却因为现实环境因素的制约，使合作教学在多数区域还不能有效地开展。而实践和认知的脱节，在一定程度上损害了合作教学模式的声誉，因为一些教师在提倡合作教学的大环境下出于权宜之计应对上级检查或者装点门面，并未从根本上实践合作教学的实质内容，而仅仅模仿一些皮毛，致使实践的结果得不偿失，引起部分教育工作者及学生对合作教学模式偏颇的认知，认为合作教学模式不仅不能提高教学质量，反而导致学生连基本的知识都未能掌握。因此，要想实施好合作教学，必须坚定信念，孜孜不倦，持之以恒，才能真正从合作教学中获得收获。

第二节 合作教学实施的前提

一、外在因素

（一）高考制度的改革

我国高考从恢复以来，经过多年的发展变迁，形成了一套较为完备的制度体系，这种通过统一考试来选拔人才的措施给教育公平与公正提供了有力的保障。同时，也培养了一批又一批当时国家急需的优秀人才，满足了社会经济快速发展对人才的需求。在中国社会变革时期，国家急需有一定文化及技术基础的人才。高考的适时恢复及逐步完善发展对这一迫切需求的解决提供了平台，而且在教育公平、社会公正上也没有偏失。因此，高考制度对我国教育事业及社会发展所做出的历史贡献是不容置疑的。

（二）加大教育投入

很多研究合作教学的学者总是以课堂为中心论述如何实施好合作教学，并提出了很多好的想法与策略，但在实践中却很难被运用，因为这些想法与策略脱离了现实基础，就像法国的圣西门等人创立的空想社会主义一样，虽然有天才般的美妙设想，却未能揭示资本主义的根本矛盾与发展规律，所以只能是一种无法实现的空想。因此，合作教学的实施需要立足于基础环境的优化，这就需要更多的教育投入。

1. 增加班级设置，提供师生更多课堂空间

在整体财政教育投入不足的前提下，有限的资源在分配上又倾向于高等教育（我国高等教育与中小学教育投入比为 10：3），这对加强中小学基础教育很不利，最终影响了整个教育所期许的效果。综观世界各国教育投入在高等教育与中等教育之间的分配比可见，我国需加大对中等教育投入。

有了教育投入的增加，才有改善教学环境的条件。随着时代的变化，越来越多的人涌入城市，城市学校里的人数急剧增加，而相对应的师资及设施却未能跟上步伐，致使班级人数一再增加，甚至达到八九十人一个班级。乡镇的环境也同样面对班级人数过多的问题，农村的生源部分进入城市，乡镇的生源受到很大的影响，多数乡镇采取取消在农村的设置的对应措施，造成一个乡镇的学生只能集中在一个班里，依然是班级人数过于庞大。

而合作教学是以班级授课和合作小组相结合的形式来实施的，这就需要一个班级的人数控制在 30 人左右为宜。试想，一个班级有七八十个人，每个人说一句话，40 分钟的课堂还剩下多少时间？所以，一定要加大教育投入，改变这种大班级的现状。

2. 提升硬件设施，创造良好学习环境氛围

进入 21 世纪，教育方针由精英教育转变为大众教育，教育目的由选拔性教育转变为普世教育。在这一理念的转变中，广大教育者应该看到硬件设施对学生的发展起着重要作用。一个学校是否有配套的多媒体教室、是否有一个内容丰富全面的图书馆、是否有一个活动项目众多的体育馆、是否有一个良好的就餐条件、是否有一个舒适的住宿环境，这些都对学生的身心发展

产生重要的影响。教育过程中，不仅传授知识、提升技能，而且还应该注重学生作为人这一有自主意识的内在需求，提升硬件设施，给学生创造一个良好的学习环境，使学生接触更多的知识、体验更多的生活，这样才能顺利地实施合作教学，最终培养学生的全面发展。

二、内在因素

（一）教学理念的转变

在过去的"双基"教学目标中，教师更多地任务是如何把教材中的知识理解透彻，条理清晰地讲解给学生，过程枯燥、方法单一，并且也不在意学生在学习过程中对历史事件的情感态度与价值取向。学生被动地接受教师传授的知识及观点，有疑惑也只能埋在心里。因为新课程改革中提出新的教学目标为"知识与能力，过程与方法，情感态度与价值观"，所以就要求教师在教学中转变以往的教学理念，肩负更多的责任。

合作教学"是一种富有创意和实效的教学理论与策略体系"，它的实施必须要求历史教师具有以下四个方面的教学理念。

1. 互动观——由师生互动转变为师生互动及生生互动

合作教学模式无论是理念还是形式都与传统教学模式有很大的差异，它的课堂互动不再局限于师生之间的互动，而是要求更充分地发挥学生与学生之间的互动。新的互动观不仅要求教师与学生沟通交流，而且还要求学生之间相互交流学习；不仅活跃了课堂的教学气氛，而且还充分表达了学生的情感、态度与价值观。学生在这种氛围下学习，会有一种自我价值得到提升的荣誉感，从而避免了"填鸭式"教学生仅是机械被动地接受而产生厌学情绪的状况。

2. 目标观——由传授知识的目标观转变为全面培养的目标观

新课程标准中明确要求教学目标是"知识与能力，过程与方法，情感态度与价值观"，但在实际教学中很多教师的教学理念及实施策略依然没有转变，教学的目标观依然停留在传授知识这一层面上。这一现实情况是由多种原因造成的，首先是考试内容上没有及时跟进新课程标准的要求，致使教学目标与考试评价有脱节；其次是部分教师因为执教多年，旧理念根深蒂固，难以及时跟进；最后是学生的不积极参与也会造成新的目标观难以在教学中充分实施的原因之一。

3.师生观——教师由权威转向指导、学生由被动转向参与

合作教学是一种更人性的教学模式，它不再强调教师的权威性，而是注重教师的指导性，同时要求学生积极参与到课堂教学中，充分体现学生的主体地位。在合作教学中，教师就像导演一样，确立了大致的剧情；学生就像演员，其入境发挥程度将直接影响这部戏的效果。这样就避免了教师一边导演、一边演戏的情况，可以使教师腾出更多时间实施好课堂教学，也可以使学生增加参与课堂学习的兴趣，可谓一举两得。

合作教学的师生观，即教师给学生自由发挥的空间，学生积极参与到学习中，教师有了更多时间筹划教学过程，学生更有兴趣学习新内容，使教师与学生的关系更加融洽，课堂教学效果显著提升。

4.情境观——由竞争性学习情境转变为合作性情境

竞争与合作是一个长盛不衰的命题，不管是历史上的原始人类还是现在的国家、民族，都存在竞争与合作的关系，只是局限于不同的环境，有时候竞争多一些，有时候合作多一些。

在传统教学环境中，我们强调的是竞争性学习，这是由当时的国情要求的。在20世纪，教育主要是培养一批精英，使这些人具备优异的成绩而走上更好的工作岗位，服务国家的发展建设。进入21世纪后，国家的发展更多地关注"以人为本"的理念，教育事业也由精英教育转变为大众教育。在这一过程中，学生的主体地位受到了越来越多的重视。为了更好地引导学生自身的发展，在新时期的教学中更多地强调合作性教学这一情境观。新时期的情境观培养学生的合作意识，使学生认识到自身的发展与其他同学有着"休戚相关"的关联，最终达到利己利人的学习效果。

（二）历史教材的革新

合作教学提倡给学生更多的时间和空间来思考问题、探究问题，而现行的历史教材内容臃肿、结论性知识过多，制约了这一理念的实施。因此，要想使学生在历史的课堂中开阔思维，必须剔除过多的结论性知识。只有历史教材更多地反映历史基本史实，减少对历史的结论性评价，学生才有兴趣思考眼前的历史问题，获得自己对历史的认识。虽然历史教材在形式上已经有了很大改观，但在实质内容上并没有很多改变。所以为了实施好合作教学、更好地实现学生的历史教育，历史教材必须有实质性改进，以适应时代发展。

（三）师生的积极参与

合作教学的实施不仅需要教师教学理念的转变，而且还需要师生积极参与。

1.教师的积极参与

在实施教学过程中，教师具有主导地位，教师对教学的态度很大程度上决定了教学的质量。因此，教师自身要对合作教学持积极的态度，为合作教学的实施做充足的准备，以更好地在课堂上演绎合作教学模式。

教师首先要对合作教学有充分的认识，形成对合作教学的认同。只有认同了合作教学，才能在实施过程中有积极的态度。实施合作教学，需要教师做更多的准备工作，从自身的备课任务到了解学生的具体情况，都需要教师从课堂内外下一番功夫。教师了解了学生的基本情况，可以更有针对性地进行合作教学。一节课后，教师还要对课堂效果积极总结、反思，以改进教学中的不足。

总之，在教学活动中，教师处于主导地位，掌握着课堂的模式及步骤，所以需要教师积极参与合作教学，这样才能带动学生积极参与。

2.学生的积极参与

教与学是相辅相成的，只有教师的积极参与，没有学生的积极配合，合作教学同样不能顺利开展。因此，教师应该在自身积极投身合作教学的前提下，发动学生的积极性，使学生对合作教学的优点有全面的认识，并自觉地积极参与合作教学。只有师生积极参与配合，合作教学才能顺利实施起来。

由于学生对事物的感知能力、思维能力及情感意识有了很大的提升，对未知世界也充满了好奇心，所以教师应该在教学活动中充分利用学生的内在潜能，引导学生在合作教学中发挥自己的优势，培养学生的自信心，使学生愿意积极参与合作教学并能享受其中的乐趣。

第三节 合作教学的历史微课教学的实践

一、实施原则

（一）教师主导与学生主体相结合的原则

随着时代的发展，学生接触社会的途径增多，知识面增广。在这样的背景下，教师如果依然占据着整节课堂，便会使学生有厌烦心理。很多同学表示喜欢历史但讨厌历史课，这从一个侧面反映出现今历史教学中存在的问题。因此，合作教学要求课堂重视学生的主体地位，更好地发挥教师的主导作用。学生主体地位的体现，在一定程度上削弱了教师在课堂上的空间，但并不会因此而削弱教学质量。一方面，学生主体地位受到尊重，学习的积极性提高，并积极参与到问题的思考中；另一方面，教师主导着学生思考问题的方向，使学生在一个适当的范围内自由讨论各自的观点，并在此基础上获得新的认识。因此，合作教学的实施要以教师主导与学生主体相结合为原则。

（二）民主平等与自愿合作相结合的原则

民主是指在一定阶级范围内，按照平等和少数服从多数的原则共同管理国家事务的制度。具体到教学课堂，是指课堂中的教师与学生以民主的形式进行教学活动。平等是指人们所享有的相等待遇，具体到教学课堂，就是指课堂中的教师与学生地位相等，不存在高低之分。新课标要求实行自主、合作、探究式教学，这与合作教学的理念是一致的。而要使学生自主地提出自己疑惑的问题，自由地表达自己的观点，这需要一个民主、平等的课堂氛围。这样的课程氛围拉近了学生与教师的距离，使学生有了敢于提出疑惑、勇于表达观点的勇气。自然，学生有了自由的空间便会自愿地进行合作，使合作教学得以顺利实施。

（三）内容恰当与情境适应相结合的原则

历史课内容多、课时少，这就要求教师在实施合作教学时要以内容恰当与情境适应相结合的原则。内容恰当是指教师对实施合作教学的内容有所选取，内容简单或者没有太多启发的一般采用讲述法，而能够激发学生兴趣又探讨性强的内容则采用合作教学，这样既保障教学任务的完成，也锻炼了学生。情境是指在一定时间内各种情况的结合而产生的一种境况。在教学活动中，指在课堂环境下的各种情况的结合而产生的课堂氛围。情境适应是指教师在教学过程中灵活掌握课程进程，根据学生对内容的反应灵活运用教学方式。合作教学的实施，并非必须遵从一定的模式或框架，而是教师根据具体情况有针对性地实施。

二、实施方法

（一）创设情境，提出问题

创设情境主要是为了创造一种历史的氛围，使课堂有一种历史的再现感，使学生融入一段历史之中，产生了解这段历史的兴趣；提出问题是在这种情境的引导下，提出与之相关的有趣味性、思考性的问题，从而激发学生的求知欲。

1.创设情境的必要性

孔子曰："知之者不如好之者，好之者不如乐之者。"（《论语·雍也》）我们常说"兴趣是学习最好的老师"，那么如何培养学生的学习兴趣，一直以来都是教育工作者面临的问题。创设情境教学，就是抛开单纯的知识传授，以多种不同的教学手段创设具体的教学情境，使学生身临其中，不仅促进了学生学习的积极性和主动性，而且还激发了学生求知的欲望，培养了学生学习的兴趣。同时，因为创设情境采用了不同的教学手段及丰富的背景内容，拓展了学生接触知识的广度，开发了学生历史思维的潜力，有助于学生的全面发展。

2.创设情境的途径

随着教学设施的变化，创设情境的途径逐渐丰富多样。针对不同的授课内容，可选择不同途径来创设情境。创设情境的主要途径有：利用史料创设情境，通过语言创设情境，通过图片创设情境，通过多媒体手段创设情境，联系现实问题创设情境以及通过角色扮演创设情境等。鉴于历史教材内容多、课时少及一些地区教学设施的限制，现今历史教学较多采用史料、语言及图片等途径来创设情境。

3.创设情境的原则

（1）应遵循科学性原则

历史是真实的历史，而非虚拟的历史，这就要求教师在创设情境时遵循历史真实，以科学的理念为行动原则。

（2）应遵循生动性原则

历史是由历史人物、事件及现象组成的，由其特定的时间、地点、环境等因素构成，所以创设情境时应抓住历史的细节，生动地现历史场景。

（3）应遵循启发性原则

创设情境不仅能引起学生学习的兴趣，而且能促使学生在情境的熏陶下对历史问题进行思考，使学生在掌握基础知识的同时提升历史思维能力。

（二）分工合作，探究交流

合作教学的主要形式就是在班级授课的模式下以合作小组为主体进行教学。合作小组的成员人数一般五六人较适宜，成员组成遵循"同组异质、异组同质"的原则。所谓"同组异质"，是指同一小组内成员的成绩水平处于不同的层次，体现个体之间的差异，形成优势互补；"异组同质"，是指不同小组的整体实力相当，使每个小组处于相等的起跑线上。这一原则既保障了合作小组内部不同成绩的成员各自发挥自己的优点，也保障了小组之间实力的均衡，有利于小组内部团结合作、班级各小组之间积极竞争，从而达到良好的教学效果。

当问题提出后，合作小组对问题发表各自的认识及观点，再进行讨论研究，形成代表性意见。如果提出的问题较多，可以把不同的问题分给不同的小组进行讨论，这样可以有效地利用课堂时间，而不影响教学进度。

（三）解疑释惑，评价概括

经过小组对问题的思考、讨论，大部分问题会得到解决，但限于学生的知识水平有限，认识问题的能力不足，对比较难以理解的问题会留有疑问，这就需要教师点拨指导和解疑释惑。学习历史这门课程，不仅是让学生学习历史知识，更重要的是在学习知识的基础上对事物有正确的评价，这也是新课标中提到的"情感态度与价值观"目标所要求的。因此，在解疑释惑之后，教师需要对整个问题进行评价概括，以正确的价值观引导学生对事物有一个正确的看法。以往历史教学注重历史知识的传授，忽略了历史认识的价值观念；而新的课程标准侧重要求学生有自己的价值认识。现阶段学生自身认识能力有待加强，需要教师加以引导，否则，就难以充分发挥学生的自主价值认识能力。

（四）反馈巩固，消化吸收

教师的讲解未必符合学生的观点，这就需要给学生时间阐述自己的看法，通过师生交流，最终达成一致。教师应该放下权威与学生平等交流，这样才能促使学生畅所欲言、积极发表各自的观点。经过师生讨论交流，学生真切地参与到对知识的认识过程中来，知识在无形中被学生消化吸收，思维也在潜移默化中被拓展。

学习知识并非为了知识本身，而是为了运用这些知识为自身的发展服务。在传统历史教学中，学生主要靠在考试前突击，只为了考出较高的分数；而合作教学不以分数为目的，更多地促进人的全面发展。基于历史学科的人文学科性质，历史学科实施合作教学对促进人的全面发展具有重要意义。

第四节　合作教学视域下历史微课教学的效果与反思

一、合作模式在历史微课教学中的效果

（一）有助于提高学生对知识的深层次理解

学习历史这门课程，不仅是记忆历史知识本身，而且还要在此基础上对历史事件、人物有自己的观点和态度。在传统教学模式下，教师从布置预习到课后作业，总是一个人占据课堂的话语权，学生的一切活动都是在教师的引导下进行的，学生的主体地位丝毫没有体现，整个课堂教学成了教师的演讲。这种模式下学生学习的积极性不高，只觉得凡事只要按照教师的安排完成即可，既不思考，也不发表意见。久而久之，学生养成了一种惰性心理，认为学习历史课仅仅需要记忆历史知识，而记忆往往有时限性，所以很多学生只是在考前抽出时间背诵一下历史知识点。

合作教学强调学生的主体性，要求教师在课堂教学中与学生平等合作，凸显学生的主体地位，激发学生的学习积极性。整个课堂气氛活跃，学生积极思考历史知识的内在联系，对历史现象由感性认识上升为理性认识，将总结性认识通过自己的消化吸收转化为自己的理解认识，掌握历史发生的前因后果，形成系统的历史知识体系，并能运用这些知识观点分析现实问题。总之，合作教学尊重学生的主体地位，提供学生之间相互交流及师生交流的机会，有助于提高学生对知识的深层次理解。

（二）有助于学生历史思维能力的培养提升

思维能力是人应具备的基本能力之一，也是各种能力的核心。历史教学不仅需要学生掌握基本的历史知识，更重要的目标是培养学生的历史思维能力。有着良好历史思维能力的学生，在学习其他学科中可以更好地认识问

题、分析问题、解决问题。培养学生的历史思维能力，在当前的环境下有着越来越重要的意义。在传统模式教学下，学生思维受到禁锢，不能充分表达自己对历史知识的想法，只能一味地接受教师的灌输。而合作教学模式尊重学生的主体地位，给学生思维的空间，使每个人都参与到对历史事件的思考中，启发了学生动脑的积极性。长此以往，学生通过对历史事实的认识分析、比较归纳、概括运用，逐渐培养学生的历史思维能力。

素质教学的提出已经有很多年了，但效果并不理想，主要在于我们只有好的指导理念，却没有明确的实施方略。然而，合作教学模式的提出给素质教育指明了方向：学生大多处于青春期，思想活跃，个性叛逆，这就要求教师在教学活动中不仅注重学生对知识的学习、技能的掌握等方面，而且还要注重学生的思想品德和心理健康教育。在以往的传统教学模式中，教师从上课讲到下课，学生几乎没有任何发言的机会。在这样的环境下，教师无法掌握学生更多的信息，更谈不上对学生进行品德培养和心理教育。然而，合作教学充分发挥了学生的主体地位，让学生有时间在课堂上展现自我。这种环境既满足了要表达的欲望，也张扬了学生的个性特征，更有利于教师引导学生的发展。合作教学虽然在实施的初级阶段会遇到很多问题，但教师应该放开眼界，充分认识合作教学对学生整个人生的发展具有重大意义。

（三）有助于培养学生团队意识和创新精神

社会发展到今天，很多问题的解决、科技的创新都不可能由一个人独立完成。团队意识的培养，在现在的教育中越来越受到重视。一个人生活在社会中，需要与别人建立关系、沟通交流，所以团队意识对学生个人自身的素质发展有重要意义。长期以来，历史教学都是以讲授法为主，学生只是集体下的个体学习，相互之间不能有很好的沟通交流，更谈不上合作探究问题。而合作教学是在班级授课模式下的合作小组教学，每个小组的几名成员通过合作来解决学习中面临的问题。这种给学生提供合作交流环境的教学模式，对培养学生的团队意识有重要意义。

创新精神是一个国家和民族繁荣发展的不竭动力，也是一个现代人应该具备的基本素质。创新精神是进行创新活动必须具备的心理特征，包括创新的意识、创新的胆量及相关的思维活动。具体来说，创新精神是指通过已有的知识信息、技能方法，提出新的认识观点的思维能力和进行改革的勇气及意志。在传统教育模式下，教师一言堂，学生备受压抑，总是不敢张口提出自己的疑问，更别说提出自己的观点。久而久之，学生在课堂上只是被动地接受教师传授的知识，其创新意识被消磨，创新精神更无处寻觅。而合作教学模式通过给学生自由发挥的空间，使学生大胆地畅所欲言，阐述自己对知识的认识、态度，并在此基础上，对已经形成普遍认识的知识提出新的看法，且能够运用自己掌握的知识对自己的论点进行佐证。在合作教学模式下，学生的主体地位得以实现，对培养学生的创新精神有重要的作用。

合作教学要求教师不仅关心学生的学习，而且还关心学生的身心发展，与学生建立真诚的师生情感。在这种情感的熏陶下，师生关系更加融洽。在合作教学模式下，有平等融洽的师生关系，有充分交流的探讨沟通，有民主合作的过程方法，自然而然地就营造了一个和谐课堂。

二、对合作教学模式的评价与反思

（一）如何认识合作教学在实践中落实不到位的问题

合作教学提出很多年了，参与研究的教师也很多，但在具体实施环节总是难以为继。对于这一现象，我们需要辩证地来看待。首先，合作教学的理念是科学的、有效的、可行的，这一点广大教育工作者必须认识到；其次，合作教学实施中遇到的困难是可以随着教育事业的发展逐渐解决的。合作教学在实践中之所以落实不到位，外在因素是考查方式及内容没有跟合作教学协调一致，教学环境在很大程度上也不符合合作教学要求；内在因素是在教学观念上没有真正认识到教学不是为了分数、升学率，而是为了教育学生如何成为一个全面发展的人，学生长期被压制也不可能因为一时理念的更新而瞬间转变为主动活跃的学习。

面对合作教学落实不到位这一情况，空谈理论是没有意义的。俗话说："巧妇难为无米之炊。"没有客观条件做依托，只有主观愿望是不能从根本上解决问题的。我们现在面对的客观现实是这样的：教育投入不足，教学环境差，教师素质有待提升、教师待遇有待提高、学生思维被禁锢、个性被束缚。教育投入的不足致使现在的班级授课只能是大集体，一个班动辄七八十人。在这种环境下，即便教师有合作教学的意识，也没有能力实施；教育事业关系国家兴亡，但因为历史因素，教育工作者中有很大一部分并不具备新时期教师应具备的素质，思想僵化，理念陈旧，很难跟上时代的步伐；教师待遇偏低，教学的积极性不高，也是影响合作教学的一个客观因素。待遇低，很多教师不能不找一份副业，这在一定程度上影响了教师在教学方面投入的精力，最终影响教学的质量。人的精神状态具有连贯性，学生的学习状态也具有连贯性，所以合作教学要从娃娃抓起，从小就培养学生的思维能力、创造能力和合作能力，敢于让学生提出问题、质疑反驳。只有这三方面协调发展，合作教学的实施才能真正落实到位。

任何改革都不是一蹴而就的，都需要一个演进的过程，教育改革更是如此。在新课改与旧观念的转型期，广大教师要有耐心、有信心，实践合作教学的教学理念，坚定不移地走"合作教学模式"的道路，持之以恒地追求教学目标的最大效果。

（二）如何避免在合作教学中"合作"流于形式

合作教学在实践中"合作"流于形式，是当前合作教学面临的最普遍也是最严重的问题。流于形式的合作教学，不仅不能提高学习的效率，反而造成学生连基础的知识也掌握不好，致使部分教师和学生质疑合作教学的科学性、可实施性。因此，在实施合作教学过程中，一定要避免流于形式的现象。

如何避免合作教学中"合作"流于形式，需要从以下三个方面采取措施。

1.是否采取合作教学应根据讲授内容来定

现阶段，我国历史教材的内容相对较多，基础记忆知识丰富，要求教师在相对较紧张的课时中完成教学任务，这就不能一直采用合作教学模式，而只能挑选一些有讨论性的、启发性的内容进行合作教学。进行合作教学，首先要求教师在课前做好充分的准备，包括对教材的深入理解、多位思考，对学生的知识水平、学习特点细致分析；其次，要求学生对所讲授的课程进行预习，对所要讲授的知识有大概的了解。只有在此基础上，才能形成良好的互动。

2.合作教学的"合作"并非死板硬套，而是根据课堂环境变化而变化

历史知识的广泛性决定了历史课堂的丰富性。在教学过程中，是否让学生通过合作来认识某一事件或问题，需要教师在讲授过程中灵活把握。一些历史内容主要是靠记忆，而一些内容则有比较强的讨论价值，这时候教师应根据学生的状态把握时机，激发学生的表达欲望，通过合作小组分组讨论，有效地进行合作教学，既能提高教学效率，也能保证教学质量。合作教学对

教师的素养提出了更高的要求，在实施的初期阶段，教师会觉得有些力不从心，但只要长期坚持，渐渐地便会得心应手，从而沉浸在合作教学所产生的乐趣中。

3.使学生学会倾听、尊重他人、有序发言，避免出现满堂乱的情况

学生长期受到传统教育模式的压制，一旦给他们表达的机会，都争先恐后地各抒己见，最终造成表面热闹非凡、实则空无一物的尴尬场面。这时，教师应引导学生有秩序地发言，先思考再发言，要学会聆听其他同学的观点。长此以往，学生潜移默化地会尊重他人，耐心倾听，有秩序地配合课堂教学。

（三）如何处理学生独立学习与合作学习之间的关系

要处理好学生独立学习与合作学习之间的关系，获得更大的学习效益，首先应认识到独立学习与合作学习是相辅相成、不可替代的。独立学习会给个人思考的空间，培养个人的独立性，增强自己的自信心；合作学习是合作教学中提倡的学习方式，它是把学生通过小组合作有机结合起来共同解决问题，这对学生的合作意识、团结意识的培养有显著效果。进行合作学习，要在独立学习的基础上。因为只有学生自身具有了一定的基础，才能在合作学习中有自己的观点，有自己的认识。在教学实践中，既不能强调合作学习而忽略独立学习，也不能一味独立学习而拒绝合作学习，只有两者相辅相成，才是最有利于学生发展的学习方式。

总之，现阶段合作教学的理念已经取得越来越多的认同，但在实施环节总是不尽如人意。出现这种情况，既有客观因素，也有主观因素。在客观方面，首先教育设施不能满足合作教学的要求，大班级是制约合作教学最突出的因素；其次，高考体制的最终评价标准是制约合作教学最本质的因素。在主观方面，教师观念保守，不愿实施合作教学；学生自身发展不足，在合作教学中像无头苍蝇，无所适从。可见，合作教学的实施需要一个漫长的演进过程。在这个过程中，需要三个方面的改变：一是教育环境的改变，二是教师自身的改变，三是学生自身的改变。只有这三个方面协调统一发展，合作教学才能真正达到提高教学质量、培养学生全面发展的目的。

任何改革都不是一蹴而就的，教育事业的改革也一样，需要一个转变的阶段。在这一阶段，教师要对合作教学的科学性、可行性做更多的认识与研究，对合作教学的实施有更多的耐心和信心，不被眼前的功利驱使，持之

以恒地走合作教学的道路。相信终有一天，合作教学模式会使学校教育产生最大化的效益，并给每一个人带来终身的受益，真正实现教育是为了人的全面发展这一最终目的。

第九章 培养核心素养的历史微课教学

第一节 核心素养的概述

随着全球知识膨胀时代的来临，各国综合国力的竞争变得日趋激烈，归根结底是人才的竞争日益加剧。在这种时代背景下，人才的培养是关键。同时，公民素养的培养和发展逐渐成为世界各国的共同追求。面对这一崭新且富有挑战性的课题，各国教育改革都无法回避的一个核心问题是：21世纪培养的学生应该具备哪些核心素养，才能在满足个人自我需要的同时更好地融入未来的社会生活，进而推动整个国家社会的持续发展。于是，学生发展核心素养问题逐渐受到一些国际组织、国家或地区的关注，成为许多国家或地区制定教育政策、开展教育实践的基础。

一、素养

在《现代汉语词典》中，"素养"主要指"平日的修养"，强调其是在后天习得和养成的。在教育学中，"素养"是指在学生接受教育过程中逐渐形成的知识、能力和态度等方面的综合表现，其对应的主体是"人"。与"素养"词义相近的词语包括"素质""能力""技能"等。

自新课改以来，中国教育界在近10年的时间里频频使用"素质""能力""素养"等词，其目标大体一致，旨在追求广大学生基本发展要素的全面提升。但是素质、能力与素养还是有些差别的。在素质教育中，"素质"对应的主体是"教育"，是相对于应试教育中的"应试"而提出的。从教育的本质功能来看，素质教育中的"素质"内涵更为广义，主要是指可以培养的素质。在这一点上，"素质"与"素养"的含义是相近的。"能力"可以理解为个体所具有的、能开展或者能胜任某种活动的实力。相对而言，能力的范围比较狭隘，不包含态度、情感等层面。而"素养"要比能力的内涵更宽泛，它不仅包括能力，而且还包括知识、态度、情感、价值观等层面。很显然，如果一味地强调能力本位的教学，而不是通过适当的情感态度加以转化，那么能力就不会升级转化为素养。

总之，"素养"一词的提法较为全面，是可学可教的，符合全人教育的理念，有利于完成当前我国"立德树人"这一教育工作的根本任务。

二、核心素养

（一）核心素养概念的内涵

在当今教育改革浪潮中，核心素养为当代世界所普遍关注。为把握"核心素养"的时代内涵，首先对几个世界知名的核心素养概念进行梳理，然后得出我们自己的理解。从文献来看，"核心素养"这一概念的提出主要始于20世纪90年代，特别是经济合作与发展组织（简称OECD）为促使各国重视公民的核心素养，之后开展了大规模跨国研究项目——"素养的界定与遴选：理论与概念基础"，成为有关核心素养最有代表性的项目。OECD在21世纪初出版了最终研究报告《为了成功人生和健全社会的核心素养》，报告中直接使用"核心素养"一词。基于对核心素养的价值定位，OECD明确了核心素养的内涵：核心素养是指覆盖多个生活领域的，促进成功的生活和健全的社会的重要素养。促进成功生活和健全社会的核心素养包含三大类，即互动地使用工具、自主行动和在社会异质团体中互动。在OECD对素养的界定中，还强调素养的可教性、可学性。因此，"能互动地使用工具""能在异质群体中互动"和"能自主地行动"等素养都可以通过学校教育与课程设置使学生获得，并在他们完成学习之后进行相应的评价。

相较于OECD，欧洲联盟（简称"欧盟"）虽较晚提出核心素养的架构，但却非常完整。为应对全球化的知识社会与知识经济的挑战，欧盟确立了要立足于终身学习，建构一套核心素养体系并将其作为欧盟各成员国的共同教育目标。为实现该目标，21世纪初，欧盟通过了关于核心素养的建议案《以核心素养促进终身学习》。在这一框架中，"核心素养"是指"一个人在知识社会中自我实现、社会融入以及就业所需要的素养，其中包括知识、技能与态度"。

核心素养的指标成分主要包括"学习与创新素养""信息、媒介与技术素养""生活与职业素养"三个方面。

核心素养被界定为"学生应具备的，能够适应终身发展和社会发展需要的必备品格和关键能力"，分为文化基础、自主发展、社会参与三个方面，综合表现为人文底蕴、科学精神、学会学习、健康生活、责任担当、实践创新六大素养。

虽然各国际组织与政府在对"核心素养"内涵的表达方式上存在差异，在一定程度上体现了各自国家与民族的特色，但是其中也有共同之处，即都重视公民关键的素养，关注学生知识、能力以及情感、态度与价值观等多方面的综合表现，并且都强调核心素养的获得是一个终身学习的过程。

（二）核心素养概念在教育中的定位

在充分考虑我国社会主义初级阶段现实国情，综合世界各国际组织及国家的研究经验以及我国基础教育阶段发展特殊性的基础上，核心素养的概念需要找准定位，厘清与教育教学、课程、学业评价等方面的关系。

21世纪初，《基础教育课程改革纲要（试行）》出台，标志着我国"第八次基础教育课程改革"全面启动。这次新课改的一个基本特点是从"双基"转向"三维目标"。新课程强调"三维目标"是有机统一的，是一个目标的三个维度，而不是相互孤立的目标。显然，"三维目标"较之于"双基"，既有传承又有超越。课程改革不断深化，教育部为落实立德树人的根本任务，提出了培养和提升学生核心素养的课程目标。而当下我们关注的核心素养，亦是对"三维目标"的传承与发展。作为核心素养主要构成的必备品格和关键能力，实际上是对"三维目标"的凝练与整合。相对于"三维目标"而言，核心素养更能体现"以人为本"的思想，是教育对人的真正全面的回归。

基于学生核心素养体系的总体框架，从学生发展的角度做好不同学科、不同学段核心素养的衔接，是最终落实核心素养的重要环节。在培养学生核心素养的视域下，课程改革需要建立指向核心素养的新课程体系。学科课程是培养核心素养的有效载体。培养学生适应未来社会的核心素养，首先需要研究制定学科核心素养，让学生学习某学科之后能形成具有该学科特点的必备品格和关键能力。除了将学生核心素养转化为学科核心素养外，还需要用学科核心素养统领学科课程内容标准和修订、完善学业质量标准，并为考试改革提供新的思路和参考，进而为落实"立德树人"的育人要求提供保障。

三、历史学科核心素养

从历史教育的本质来看，历史素养是人文素养的重要组成部分之一。历史学科核心素养是核心素养在历史学科领域的具体化，是学生在学习历史过程中逐步形成的具有历史学科特征的必备品格和关键能力，是历史知识、历史学习方法、历史思维能力、历史价值观等方面的综合表现。

近年来，我国历史教育界对于历史学科核心素养的研究日益深入，争论的焦点主要指向对历史学科核心素养内涵的理解和表述。教育部基础教育课程教材发展中心何成刚研究员在《历史核心素养的提炼与培养》一文中首先介绍了课标专家组提出的时空观念、史料实证、历史理解、历史解释、历史价值观五大素养。在学习领会的基础上，何老师立足历史学科特征、能力和属性提炼出证据分析、唯物史观、历史理解能力、历史解释能力、历史评判能力、历史价值观和人文底蕴等核心素养。而根据普通高中课程标准修订专家组成员、首都师范大学徐蓝教授的最新介绍，历史学科核心素养的内涵主要包括"唯物史观、时空观念、史料实证、历史解释和家国情怀"等方面。

历史课程应以培养和发展学生的历史学科核心素养为目标，让学生从历史认识的视角出发，以唯物史观为指导，以历史材料为依据，将所认识的历史对象置于具体的时空条件下进行考察，对人类历史发展进行理性分析和客观评判，以此建构正确的历史认识，能够将对历史的认识延伸到对个人成长和社会现实问题的认识上，能够从历史发展的角度理解并认同社会主义核心价值观，最终落实"立德树人"的根本任务。

四、历史教学中核心素养的培养

（一）高中历史教学中核心素养培养的意义

第一，有利于学生形成正确的价值观。高中历史在促进学生形成正确价值观上作用明显。在学习世界历史的过程中，学生既能够对人类历史整体发展过程形成比较清晰的认识，加强对不同国家、不同地区特色性文化形成过程与发展过程的了解，意识到世界文化的多样性，增强学习世界史的兴趣与热情，也能不断开阔视野。通过对中国史的学习，学生能够更加清晰地了解中华民族整个发展历史，增强民族认同感、自豪感及归属感，形成制度自信、道路自信、文化自信及理论自信，树立为民族振兴和国家富强而奋斗的伟大理想。

第二，有利于学生形成长期的学习能力。在信息大爆炸的背景下，信息更新速度比较快，对于学生来讲，形成长期的学习能力十分重要。高中历史教学中，教师对学生核心素养进行培养，关注学生在长期学习能力方面的发展，可增强学生的社会适应性，进而使学生更加适合社会实际发展需要。

（二）高中历史教学中核心素养培养的策略

1.重视唯物史观渗透

就唯物史观来讲，包括科学历史观与科学方法论，其能够将人类社会历史发展规律与客观基础揭示出来，是人们认识世界的重要途径。高中历史教学中，对于学生唯物史观的渗透实际上便是引导学生基于历史资料学会辨别真伪，基于唯物主义原理针对历史事件、历史人物进行分析。在向学生进行唯物史观渗透时，教师可以运用问题导入方式，通过问题调动学生的求知欲和好奇心，吸引学生对历史知识的注意力，使学生在学习时能够明确自身思路，有节奏地参与学习活动，从而提升学习质量与效率，形成较强的学习动机。

教师可以运用问题导入的方式进行唯物史观的渗透，使学生在问题意识的影响下形成唯物史观。例如，教师可以先为学生展示图片，图片内容可以是中国发生太平天国运动及鸦片战争，以及日本的幕府危机与黑船来航，进而提出相关问题："日本为什么最终走上了侵略这一发展道路？战争对中国产生的影响有哪些？"运用问题进行导入，可以使学生的好奇心得到激发，也能促进学生对知识进行整合与迁移。从唯物史观来讲，教师可以引导学生对甲午中日战争发生的原因进行思考，以推动学生形成唯物史观素养。实际上，这部分内容的唯物史观主要体现如下：认识到中日不同经济基础情况下对上层建筑产生的影响，以及近代史发展的整体趋势，了解近代中国受到列强侵略具有一定的必然性。通过对两组图片的展示，教师可以引导学生对旧知识进行回顾，逐渐构建比较完善的知识体系，进而深化对历史的认识，形成正确的唯物史观，提高历史核心素养。

2.加强时空观念培育

高中历史教学过程中，比较重要的目标是促进学生时空意识与时空观念的形成，这是学生应具备的学科能力。对于历史来讲，相关事件在一定空间与时间中会不断进行变化、运动，因此一旦与空间和时间脱离，将难以体现出历史的深刻内涵。仅就时间概念来讲，主要指历史人物活动、历史事件的演变和发生都会根据时间顺序进行，这便是历史时间性。宏观时间、抽象时间、微观时间、具体时间相互结合，时间概念才更具科学性。就空间概念来讲，包括具体空间与抽象空间，其中具体空间主要指各历史事件均在固定、具体的地理环境、地理位置中发生，如四大文明古国的发源地为河流附近，而河流在地理位置上处于基本固定的状态；抽象空间包括文化生态、生产方式等思想意识形态领域。在培养学生时空观念的过程中，教师需对时空观念形成全面、系统的认识与了解。培养学生时空观念，并不是让学生机械地记忆课本知识，更重要的是使学生把握不同历史时期事物之间存在的内在联系，将事物置于一定历史时空中进行分析。高中历史学习中，学生形成时空观念，有利于构建完善的知识体系，打下良好的学习基础，增强问题解决能力。但是实际教学中，学生形成时空观念的影响因素较多，包括知识难易程度、学习兴趣、知识呈现方式，这就需要教师从多个角度进行思考，保证教学设计的有效性。

具体而言，教师可以结合学生的知识基础、学习能力、性格特点等将学生划分为小组，让学生结合以往学习的知识将知识数轴图绘制出来。在此过程中，学生可以将时间与空间视为坐标轴，构建二维坐标系，然后将历史时间、历史人物在坐标系中进行定位，从而对知识形成整体性认识。教师组织学生以小组方式对知识进行探究，可以使学生对知识进行深入分析，促进知识体系的完善，加强对知识的记忆，也能使学生在探究中认识到自己存在的不足，进而不断拓展自身学习思路。另外，形成时空观念可以使学生更好地了解历史事件之间存在的时空联系，不仅能让学生开展学习反思，也能推动学生对历史进行反思。

3. 注重史料实证能力培养

进行历史研究的过程中，史料发挥着基石作用，史料学习的效果可以体现出学生的学习能力。因此，高中历史教学中，教师需注重学生史料意识的形成，提升学生历史信息处理能力，以及在可靠、真实史料中获得历史结论的能力。当前，多数历史问题并不是通过直接问答的方式呈现，而是将需要考查的知识点通过史料情境进行呈现。对于史料来讲，呈现形式具有多样性；材料来源具有广泛性；内容具有丰富性，时空背景整体跨度较大；内涵较为丰富，存在多种观点；材料与现实之间紧密结合，与生活十分贴近。一般来说，史料会通过新材料、新知识、新情境的方式呈现，与社会中发生的热点问题结合在一起，时代气息比较浓烈，与学生生活状态及心理发展更为贴近。对于学生来讲，要想形成历史学科核心素养与学习能力，需亲身参与史料研究，借此加强对历史事件的认识与理解。通过进行史料研究，可以拉近师生距离，构建师生沟通的桥梁。同时，教师指导学生研究价值性史料，可以使学生攻克学习难点。

4. 着重历史解释能力强化

当前的历史叙述主要将历史事件、史料作为媒介，评判与阐释以往一定时空中发生的事。在高中历史教学中，教师进行历史解释时，须将客观史实作为主要基础，通过客观、真实的历史解释，对历史事件、历史人物进行公正、科学、辩证的解读。进行历史解释的主要目的在于将自身观点向他人传达，是一种重要的信息传递方式，传递时需体现出通顺性、准确性，保证逻辑合理。学生要想具备一定的核心素养，需要注重历史解释能力的形成，具体可从以下两个方面进行锻炼。首先，针对题目理解进行锻炼。解题是学生必备的学习能力，解题时对于题目的理解关系着解题成果，因此理解题目十分重要。学生在解题时需将特定历史事件、历史人物置于特定时空范围，从而理解历史事件的发生过程、发展过程、最终结果等，以及运用移情、同理心等方法理解和体会历史人物的相关行为与想法，在此基础上，才能从客观角度认识历史，实现思维能力的不断提升。其次，注重文字表述能力的提升。历史解释从本质上来讲属于信息传递，因此语言表述十分重要。实际教学中，教师需加强对学生解题习惯的培养，促进学生解题能力的提升，同时要重视训练学生在文字表达方面的能力，这是其形成历史解释能力的重要条件。历史解释是核心素养的重要组成部分，教师需加强对学生这方面素养的培养。而在进行历史解释时，学生需通过自主组织语言的方式将自身看法、观点表达出来，从而在文字表达水平和文字表达能力方面得到提升。具体实施时，教师可以让学生多进行历史解释总结练习，然后对学生总结练习内容进行分析，发现学生解释总结时存在的问题，最后对问题展开系统性讲解。

5. 促进家国情怀形成

家国情怀是中华优秀传统文化的基本内涵之一。家国情怀在增强民族凝聚力、建设幸福家庭、提高公民意识等方面都有重要的时代价值。古人有"修身齐家治国平天下"的人文理想，有"先天下之忧而忧，后天下之乐而乐"的大任担当。而今天，我国的外部环境有许多不稳定性因素，在经济、军事、科技等方面也面临许多挑战。时代召唤英雄、召唤人才，这个时候，加强爱国主义教育，加强中华优秀传统文化教育，尤其是家国情怀思想教育显得尤为重要。培养学生家国情怀是历史教育的重要功能，历史教育教学实施的主要目的在于促进学生历史价值观的形成及人文素养的提升。情怀具有内在性、隐性的特点，体现了学生对于历史事实的反思，关系着学生能否从历史事实中吸取教训与经验，是否可以辩证且客观地看待历史问题，以及能否将知识与生活联系起来。家国情怀的形成，能够促进中华优秀文化的传承，也能使学生对现实世界形成理解、尊重的开放性胸襟。家国情怀是中华优秀传统文化的重要组成部分，是德育工作的重要内容，同时也展现了社会主义核心价值观的要求。因此，在核心素养视域下，高中历史教学的实施需重视对学生家国情怀的培养。

家国情怀实际上是一种认同，在强化学生家国情怀的过程中，教师需关注其爱国主义、民族精神、个人修养等的形成，并为学生营造良好的学习氛围。推动学生形成家国情怀的过程中，教师需注重知识和实际生活之间的联系，从而增强学生的学习兴趣与热情。例如，开展《南京条约》这部分知识教学时，教师不仅需要让学生对《南京条约》的内容形成基本认识与了解，也需从家国情怀这一角度进行拓展，使学生了解《南京条约》签署以后对中国产生的影响，进而让学生将个人发展与国家发展紧密联系在一起，形成责任与担当。同时，在讲授"抗日战争"这部分内容时，教师可以进一步解读如果抗日战争失败，中国将面临怎样的形势，借此唤起学生心中的家国情怀。

第二节 基于培养学生核心素养的历史微课教学的意义

一、有利于深化学生的历史认识

历史是什么？这看似是一个浅显易解的问题，但古往今来，众多哲人却为这个问题苦苦求索。对这个问题的认识并非毫无边界，目前学术界主要从两个层面来理解：第一个层面是实实在在发生过的往事，它是不以人的意志为转移的，一切关于人类活动的往事都是历史；第二个层面是对这种往事有意识地选择与重构。显然，第一个层面的历史具有唯一性，是不可逆的，再也不可能完全被重现；第二个层面的历史我们可以理解为平常所说的"历史学"，它是人们（主要是历史学家）对人类社会发展进程进行描述与解释的学问。客观的历史漫无边际，完全重构历史不仅没有这个可能，而且也没有必要。因此，人们对历史的认识难免带有主观性，是一种有意识的选择。

历史学存在的根源在于人们对过去有着强烈的好奇心，总想知道过去发生了什么。既然历史不可能再现，那么后人如何了解历史事物的真相呢？梁启超先生说："史料为史之组织细胞，史料不具或不确，则无复史之可言。"可见，史料是认识历史的中介，是史学研究的基石。历史纵然逝去，但有意无意之间留下了一鳞半爪的痕迹，才让我们感受到历史的脚步，品嗅到历史的气息。

历史学与历史教育的关系极为密切，高中历史课程承载着历史学的教育功能。在历史学中，重构的依据是史料，重构的事实叫史实，解释的工具为史法，观察的视角为史观，解释的结果是史论。历史学家的研究，即围绕史料、史实、史法、史观、史论五个要素，不断追寻历史是什么及人类认识历史何以可能的问题。而在历史教育中，"论从史出，史由证来；史论结合，证史一致"是历史学科最基本的学习法则。这个法则也囊括了史学研究中的史料、史实、史法、史观、史论五个要素。在这五个要素中，没有史料就无从谈及史学。历史教学也是以史料占有为前提的，这一特点就决定了历史教学中必须重视史料的运用。因此，史料教学可以帮助学生掌握历史发展过程中的重要史事，促进学生对历史的理解和解释，进而有利于深化学生的历史认识。而历史认识的目的是更好地服务个人与社会发展的需要。学生在搜集、鉴别与解读运用史料的过程中，应学会像历史学家一样思考过去，形成正确的历史认识，进而能观照现实，指向未来。

二、有利于激发学生的历史探究兴趣

苏霍姆林斯基曾说："人的心灵深处，都有一种根深蒂固的需要，这就是希望感到自己是一个发现者、研究者、探索者。"新课改以来，特别关注学生的学习兴趣和经验，强调自主、合作、探究的学习方式。从根本上来讲，这就要求教师要转变教学方式，精心选择能够激发学生学习兴趣的内容，采用适合学科与学生学习特点的教学方法。历史学科本身带有故事性、趣味性的特点，容易激发学生的探究兴趣。但新课程实施以来，部分历史教师打着"一切为了高考"的旗号，在实际的教学过程中依然采用单一的教学方式，力图在有限的时间内灌输大量的书本知识，这就使历史课成为教师一人的"独奏曲"，学生只能被动地死记硬背历史知识来提高历史成绩。长此以往，学生对历史课心生厌倦，历史探究兴趣也了无踪影。然而，学生的历史探究兴趣是掌握历史知识、发展历史思维能力、提升历史核心素养的"催化剂"。因此，历史教学应注重激发学生的学习动机，让学生对历史学习产生浓厚的兴趣。

心理学家布鲁纳指出："学习最好的刺激源是对学习材料的兴趣。"对历史学科而言，激发学生历史学习兴趣的材料莫过于史料。由于核心素养时代下，历史课不是教师一人的"独奏曲"，而是师生共同参与的"交响乐"。因此，在教师的主导下，充分尊重学生的主体地位，呈现生动多样的认识、理解、感悟历史的材料，有助于激发学生的历史探究兴趣。

三、有利于培养学生的历史思维能力

历史教育是在求真的基础上，以求善为目的，要回答的是学生为何学习历史及如何学习历史的问题。历史教育承担着培养学生形成正确历史认识的使命，承担着帮助学生认清当下、认同群体、认识自我的使命，承担着提高学生的人格品位、发展学生核心素养的使命，而完成这些使命的基本保障则是提升学生的历史思维能力。所谓历史思维能力，是人们用以再认和再现历史事实，解释和理解历史现象，把握历史发展进程，分析和评价历史客体的一种素养。它是一种历史的认识活动。历史思维能力强调，在唯物史观的指导下，对历史材料进行加工，从而揭示历史的本质、发现历史的规律，最终达到认识过去的目的。

受当今教育界重视学生能力培养的趋向影响，再加上考试测验方式实际变革的带动效果，历史教学更为注重学生历史思维能力的培养。随着核心素养的提出，思维能力也受到更大的重视，因为思维能力本身就是重要的核心素养。学生历史思维能力的培养与提升，可以重点细化为时序思维、历史阐释、历史推理论证等能力的培养与提升。这些能力也是历史核心素养所强调的在历史学习过程中逐步形成具有历史学科特征的关键能力。任何思维能

力的培养都需要媒介，历史思维能力的培养尤其如此。因此，在唯物史观的指导下，学生通过教师的引导，运用分析、综合、比较、概括、归纳、演绎等方法对史料中出现的人物、事件、现象等方面进行正确把握，就能揭示历史的本质、发现历史的规律。学生可以根据这些联系实际，在复杂的现实生活中以史为鉴，把握方向。学生的历史思维能力也正是在这种教学模式的不断运作中得到充分的培养。

受各种因素的限制，现行使用的高中历史教材往往只会给学生提供一些毫无生气的历史结论，而史料教学则有效地弥补了这一缺陷。利用史料创设历史问题情境，既能激发学生的探究兴趣，又能培养学生的历史思维能力。

第三节　基于培养学生核心素养的历史微课教学思路

一、基于核心素养的历史微课程教学的可行性

随着信息化时代的变革发展，微课受到国内较大关注，并引起了一番微课研究热潮。国际上各地区和组织对核心素养的研究逐步加深，并将研究结果运用到本国的教育实践中。中国顺应时代趋势，开展本土化特色的核心素养研究，试图构建中国学生发展的核心素养框架，并将其渗透到各学科的教学中。历史微课开发与核心素养相结合，不仅可以为历史微课程开发提供理论支点，而且还可以有意识地对核心素养进行培养。将核心素养作为微课程开发设计的依据，主要基于以下三方面的可行性：

（一）课程标准与核心素养进一步"挂钩"

随着经合组织、欧盟、芬兰、日本等国际组织和国家对核心素养体系研究的深入，可以肯定的是核心素养已经成为世界教育的趋势：《教育部关于全面深化课程改革 落实立德树人根本任务的意见》中明确指出"研究提出各学段学生发展核心素养体系"，可见核心素养已经成为国家落实立德树人、引领课程改革的关键因素。随着学生核心素养框架的逐步确立，如何落实核心素养培养将成为新一轮的研究热点。毋庸置疑，核心素养必将影响我们的课程与教学，成为课程教学改革的新方向。从国家顶层设计层面来说，核心素养将进一步成为修订课程标准的依据：基于核心素养的课程标准研制基本遵循"学生核心素养—学科核心素养—内容标准"的思路，将学生核心

素养转化为学科核心素养，为课程目标确立与课程内容的编制提供依据。同时，从学校具体操作层面来说，核心素养将与各学科课程教学有机结合，学科课程将成为核心素养与学科核心素养培养的主要阵地。因此，基于核心素养对历史微课程进行开发，不仅顺应了核心素养的研究趋势，同时也具有一定的理论逻辑支撑。

（二）现代教育技术的提升为微课程开发提供技术支持

信息化已经成为现代社会的主要特征，逐步改变着人们的教育方式和学习方式，尤其是以计算机为核心的信息化技术手段与教育教学理论的进一步融合提升了现代教育技术的水平。就学校而言，学校信息化硬件设施进一步更新，教师信息化能力不断提升，促进了信息化与教育教学的融合，催生了"微课程""云课堂"等一系列教育信息化产物。微课程更是广泛地运用到课堂教学中，并形成了"微课网""中国微课大赛""凤凰微课平台""华东师大慕课中心""佛山微课平台"等系列分享平台。因此，现代教育技术的提升，大大提高了信息处理与加工的能力，也为教学效率的提升提供了技术保障。在信息化时代背景下，国家和地方更是注重对教师信息化能力的培养，开展了多项培训工程，使教师的信息化能力得到进一步提升，这也为微课程的开发提供了技术支持。

（三）微课程主题与核心素养点的联结

基于学生核心素养进行课程建设并不是一阵风潮，而是体现了课程在政策领域的"回归"。许多专家和组织致力于建立学生核心素养与课程的联结，尤其是在研制国家课程和课程标准上极力体现出与核心素养的联结。而本章基于核心素养开发历史微课程，就是在核心素养、历史核心素养、历史微课程之间找到恰当的联结点。核心素养具体化到学科中，就形成了历史核心素养。经过前面的分析，历史核心素养由四个方面构成，每一个素养可以细化为多个素养点，形成历史核心素养体系。传统的课程与教材在进行培养时难以与之一一对应。而微课程短小精悍，具有形式灵活、主题突出等优势，将微课程与核心素养点、历史核心素养点结合，对应开发各个主题的微课程，不仅可以满足学生多样化的课程需求，也能很好地对每个核心素养点进行有意识地培养。因此，历史核心素养点与微课主题的联结也为微课教学提供了可行条件。

二、基于核心素养的历史微课开发主体

根据课程理论，在课程开发和设计过程中参与的组织和个人都可以作为课程开发的主体，不同的主体发挥着不同的作用。在历史微课程开发过程中，必定要吸纳多元主体，力求使微课程趋于完善。换言之，基于核心素养的历史微课程开发主体包括教师、学生、课程专家、技术工作者等主体。

（一）教师

随着三级课程管理体制的实施，教师成了课程的开发者和实施者。教师作为课程开发者有两层含义：一是对既有的国家课程进行"二次"开发。教师对课程的"二次"开发是指教师根据实际教学情境的需要，对课程内容进行适度增删、调整和加工，从而更好地适应学生学习的一种课程行为。二是学校教师作为课程开发的主体，开发出校本课程。教师不仅是校本课程开发的主体，还是微课程开发的设计者与制作者。在表述"教师作为课程开发者"时取其第二层含义。微课程的制作并不仅是一个技术开发的过程，更应是一个在先进教育理念支持和富有精细创意的教学设计方法指导下进行的一项创造性工作。就设计者而言，教师需对整个微课程进行系统化的设计，包括对微课目标、内容、实施、评价等系列化的设计。另外，教师还是微课程的制作者，需要通过自身一定的信息化能力，通过对图像、动画、视频等素材的加工，制作出符合学生需求的优质微课程。

（二）学生

课程是为学习者开设的，所以课程开发要基于学习者的需求进行。而目前我国的课程开发主要遵循由上而下的开发路径，即主要由课程专家、富有经验的教师开发课程。这样的开发路径往往与学习者的真实需求存在一定差距。将学生纳入课程开发的主体，协助教师进行课程开发，则可以尽量缩小开发课程与学生需求之间的差距，也能满足不同个体发展的个性化需求。而学生作为微课程开发的主体，主要体现在以下两个方面：

1.学生是微课程的使用者和需求者

在开发微课程之前，教师可以了解学生的需求，而且学生丰富的想象力能够给予教师一定灵感，让教师开发出生动的微课程。

2.学生能够对微课程开发给予反馈意见

这是针对微课程实施过程而言的，教师可以及时根据学生的反馈对微

课程进行调整，以促进微课程的完善。

（三）课程专家

微课程虽然是新兴产物，与传统的课程存在一定差异，但是其本质属性依然为"课程"，需要遵循课程开发理论及相关理念。课程专家是在课程领域具有丰富理论支撑和实践经验的研究者，能够为微课程开发提供一定的课程开发理论指导。课程专家丰富的经验、理论、思想能够为教师的课程开发提供指导方向和理论支持。目前，历史微课程开发中存在的微课程属性认识不足、缺乏系统性设计等问题，课程专家都能给予一定指导。一方面，课程专家能够宏观地就历史微课程开发的设计和开发过程提出指导性建议，指导教师及时发现和修正问题；另一方面，课程专家能够为教师提供相关理论培训和服务，以提高教师的课程理论水平。因此，将课程专家纳入历史微课程开发主体，能够有效地保障微课开发方向和应用效果。

（四）技术工作者

虽然微课程的本质属性是"课程"，但是其特殊性在于与信息技术紧密结合，所以对于一般教师而言，技术是影响教师微课程开发的主要因素。微课程的生动灵活性则决定了微课程形式的多样化，而现在教师开发的微课程多为千篇一律的 PPT 式微课程。某种意义上讲，学生会由此失去一定的学习兴趣，因此，将技术工作者纳入微课程开发主体，是解决微课程开发技术难题的路径之一。同时，教师也可以在微课程的整体设计上多花精力，避免陷入微课程开发的"技术主义"误区。将技术工作者纳入微课程开发主体，需要建立一个长期、稳定的微课程开发合作机制，需要教师与技术工作者合理分工，共同致力于优质微课程的开发。

三、基于核心素养的历史微课程教学原则

基于当前历史微课程开发存在的问题与微课程的特征，提出了基于核心素养的历史微课程开发主要原则，主要包括系统性原则、聚焦性原则、情境性原则、交互性原则。

（一）系统性原则

系统性原则是针对当前微课程开发中缺乏系统规划和设计的问题而提出的。当前，微课程资源往往构成单一，并没有体现出课程的整体结构，不利于学生的系统性学习。从当前历史微课程开发来看，多为单个微课程，对

微课程缺乏整体设计与规划。因此，教师不仅要掌握单个知识点微课的设计方法，而且还要掌握基于一个单元、一个专题、一个学科的微课设计方法和策略。当前，重点要把微课建设的方向从"单一微课建设"转向"单元微课建设"。基于核心素养开发系列历史微课程，从系统设计到有序实施，都是需要精心设计的。因此，基于核心素养的历史微课程必然是系列化、主题式的微课程体系，而不是零散化、碎片化的单一课程。

（二）聚焦性原则

微课程开发不仅要体现系统性，而且还要在序列化的单个微课程中体现聚焦性。微课程的"聚焦"是其最显著的特征，一般用"短小精悍"来表现这一特征。由此可见，微课程的聚焦性主要表现在以下两个方面：

1 课程时间较短

"边际效应递减"理论表明，一堂课的时间越长、内容越多，学生的注意力就越容易下降。因此，在微课程开发过程中要对时间进行严格控制，一般控制在 5 ~ 15 分钟内。

2.课程内容精练

根据之前的调查分析，当前历史微课程中存在知识点泛化或是无知识点的情况，这就说明设计者在开发之前没有对课程内容进行规划和处理，只是简单地对内容进行罗列，致使学习效果并不理想。因此，只有单个微课程保证知识点与历史素养点相对应，多个微课程能构成微课程主题，才能发挥微课程的教学效果。

（三）情境性原则

情境性原则的提出是基于核心素养特征以及微课程特征而言的。首先，核心素养需要在一定的交际情境中才能体现出来，所以基于核心素养的历史微课程开发需体现情境性。其次，微课程通过对教学资源加工处理，通过信息化手段生成系列教学内容。这些教学内容与教学音视频一起构成了一个结构紧凑的情境化的"主题单元资源包"，在互联网的网络平台上构建出一个"微教学资源环境"，呈现出教学内容与教育技术手段融为一体的状态。基于以上两点，在基于核心素养的历史微课程开发过程中，要注重主题明确的教学情境构建，也要关注学生在问题情境中的生成作用。

（四）交互性原则

微课程虽然是信息化时代变革下的一种新的学习方式，改变了传统的学校课程，但是究其本质属性还是"课程"。从课程的角度来看，课程开发不仅包括外部技术环境要素，还包括教师、学生、教材等中心要素，四个要素间持续地相互作用才能构成稳定的课程"生态系统"。微课作为一种特殊形态的课程，也要遵循课程开发理念，关注技术环境、教师、学生、教材内容之间的交互性，保持四要素之间的动态平衡，避免因过于强调某一要素而造成课程开发的困境。因此，基于核心素养的历史微课程开发中坚持交互性原则，一方面在课程开发中兼顾四要素之间的相互作用，通过系统设计调适平衡关系；另一方面，要在微课程实施过程中注重与学生之间的互动交流，增加交互板块，调动学生积极性，激发学生学习动机。只有通过这两个层面的调适，才能真正做到交互平衡。

四、基于核心素养的历史微课程教学价值取向

微课程的开发不能仅满足网络学习者的学习需求，更应根据课程教学规律开发适应网络移动学习和学校教育的课程，以便学习者能够获得更为深入的学习。因此，有必要对微课程教学开发取向进行探讨，以保障基于核心素养的历史微课程教学开发方向的科学性。

（一）历史微课程教学开发价值取向概述

根据对当今历史微课程现状的分析可以看出，在历史微课程开发中存在"技术主义""教师中心""学习内容"等取向，分别为"学习者中心"取向、"学科内容中心"取向、"技术中心"取向。

1."学习者中心"取向

历史微课程开发的"学习者中心"取向，以学生中心课程理论为基础，倡导"学习是个体在已有知识和经验基础上进行主动建构的意义过程"的学习理念，强调学习者主动参与意义建构。"学习者中心"课程取向源于学生中心课程理论，其代表人物是实用主义流派的杜威。杜威对传统教育不顾学生的特点就把外部事物强加给他们的做法极为不满，因而提出课程与教学必须考虑到学生的思维方式、兴趣和需要。到了20世纪70年代，以罗杰斯为代表的人本主义流派推崇学生中心课程，提出让学生从课程中获得个人意义。同时，指出要将学生作为课程的一部分，无论是课程内容的选择、课程设计，还是课程实施和评价，都要将学生纳入其中。

在历史微课程开发过程中，"学习者中心"取向主要体现在以下三个方面：

第一，微课程开发前注重对学习者的学习特征与个性进行分析，并基于此开发微课程。

第二，依据学习者的认知结构和认知方式组织学习内容，并构建与学习者相适应的微课程环境。

第三，关注学习者在微课程学习过程中的交流与反馈，并基于此给予一定的学习支架。

综上所述，历史微课程"学习者中心"取向强调学习者的主体地位，能够满足学习者个性化的学习需求。但是过于强调"学习者"中心会忽视与学科内容的联系，造成微课程效果大打折扣。

2. "学科内容中心"取向

"学科内容中心"取向是以学科结构课程理论为基础，认为学科结构是课程设计和开发的必需准则。认知结构主义流派代表人物布鲁纳主张掌握学科的知识结构，并且提出：掌握学科的知识结构更能够帮助理解学科，有助于更好地记忆科学知识，有助于知识技能的迁移，有助于缩小高级知识与初级知识的差距。课程专家施瓦布也重视学科结构对教育的意义，他指出："在课程设计和开发中要考虑学科结构，并且将学科结构作为课程内容编制的依据。"因此，"学科内容中心"取向主张将学科结构作为课程设计和开发的依据。

历史微课程开发的"学科内容中心"取向，是指将学科内容作为历史微课程开发的主要依据，根据不同性质的学科内容采取不同的教学方式。因此，"学科内容中心"取向强调的是学科内容的具体分析，并基于此开发微课程，主要体现在以下两个方面：

第一，对教材进行有意识地分解，并根据内容的重要程度开发微课。

第二，在微课程实施过程中注重对关键内容的讲解，并选取适宜的教学方法。

"学科内容中心"在一定程度上注重对课程本身的理解和渗透，有利于提高教学效果。但是，一味强调教材知识的讲解，对学习者学习特征的忽视必定会导致学生学习兴趣的下降，弱化学生自主学习的动力。

3."技术中心"取向

"技术中心"取向是以技术为中心，以工具为基础，将微课程开发作为一种技术化的实践，通过可以控制、操作的技术方式开发微课程。"技术中心"取向源于技术主义，技术主义并不是教育的特定现象，而是广泛存在于工程、科学等领域。裴尔森对技术理性进行了阐释，他认为："技术理性的特点是当有了一个既定目标，其中心任务就是如何采用最适当的方法来实现此目标，所以专业实践的任务就是应用专业领域的科学知识和技术来解决问题。"同时，技术主义倾向也逐渐渗透到教育领域中。各种新兴技术广泛应用于教育领域，新的技术知识和原理成为新的课程，这些促使现代教育无论在教育手段还是在课程设置上，都表现出一种明显的技术化特征。

微课是现代信息技术发展变革的产物，因此"技术中心"取向是微课教学开发中最原始、最直接的取向。"技术中心"取向关注的是如何将"微技术"运用到微课教学开发过程中，强调技术在课程开发中的功能性。其最主要的体现就是，从技术与课程的契合点开发课程，让学习者实现自由学习、自主学习的可能。同时，"技术中心"取向下的微课程评价更为关注的是微课程的加工步骤、媒体素材的处理、视频分辨率的高低等技术成分，而忽视了微课程的系统设计。因此，从学习者与学习内容的角度而言，"技术中心"取向强调的是从技术再到课程，即使能够呈现出清晰、生动的讲授画面，但也只是一种无意义的内容叠加。正如理查德·梅耶所言："技术中心的微课程并不是让技术去支持课程的需要，而像是迫使课程去适应这些最新技术的要求。"

（二）基于核心素养的历史微课教学开发价值取向

从以上分析可以得出，对某一要素的片面推崇都不能开发出理想的微课程。因此，微课程开发要注重对学生、学科内容、技术等要素关系的协调，构建出系统化的微课程。这里倡导以"核心素养"为开发取向，在核心素养基础上探讨出历史核心素养，对历史微课程进行开发，主要体现在以下两个方面：

1.历史微课程开发过程——基于核心素养的系列化过程

基于核心素养的历史微课程开发包含多个系列化过程，要将核心素养渗透到历史微课程开发的过程中。

①依据历史核心素养制定微课程目标，对历史核心素养进行分解和重构，运用相关的表述方法对微课程目标进行描述，从而确保微课程目标与历史核心素养培养要达成的目标一致。②依据历史核心素养框架筛选课程内容，并以此研制微课。③根据课程目标制定微课程评价标准。

因此，历史核心素养既是微课程制作的起点，又是微课程想要达到的目标。

2. 历史微课程结构设计——基于核心素养的序列化主题

基于核心素养的历史微课程是要将核心素养的培养逐步落实到微课程中，并且为微课程开发提供生长支点。因此，在探讨历史核心素养框架的基础上，还需基于此对微课程结构进行设计，形成基于历史核心素养的序列化主题微课程，如语言能力模块的主题微课程、审美模块的主题微课程、文化模块的主题微课程等，力求结构完善，主题鲜明突出，形成基于历史核心素养的系统化微课程群。

参考文献

[1] 杜芳. 历史教学研究第 2 辑 [M]. 武汉：华中师范大学出版社，2017.05.

[2] 张德顺. 中学历史教学设计与案例分析 [M]. 苏州：苏州大学出版社，2017.06.

[3] 贾格年，李宝宝. 中学历史教师教学技能学习指导 [M]. 天津：天津大学出版社，2017.11.

[4] 姬文广，段全庆. 历史教学大思维 [M]. 郑州：河南科学技术出版社，2017.01.

[5] 赵爱玲. 高中历史教学漫谈 [M]. 北京：华龄出版社，2017.04.

[6] 王启顺，迟瑞珍. 历史教学与方法创新 [M]. 沈阳：辽海出版社，2017.12.

[7] 张东霞. 传统文化与历史教学艺术 [M]. 长春：吉林美术出版社，2017.09.

[8] 杨小荷. 高中历史教学的艺术性 [M]. 北京：华龄出版社，2017.04.

[9] 苏家舜. 历史教学模式与视角创新实践研究 [M]. 沈阳：辽宁大学出版社，2017.11.

[10] 李峻. 思维·情感·方法——高中历史教学"三论" [M]. 上海：复旦大学出版社，2017.09.

[11] 高月新. 高中历史纲要教学初析 [M]. 长春：吉林大学出版社，2017.04.

[12] 王德民. 中学历史教学设计 [M]. 芜湖：安徽师范大学出版社，2018.07.

[13] 徐亮，石洁，吴鹏超. 中学历史教学教法新探索 [M]. 青岛：中国海

洋大学出版社，2018.08.

[14] 姬秉新，李稚勇，常云平 . 历史教学：从"设计"到"实施"（中国历史）[M]. 北京：高等教育出版社，2018.12.

[15] 陈家华 . 基于高中历史学科核心素养的教学设计 [M]. 宁波：宁波出版社，2018.09.

[16] 谷志峰 . 高中历史教学探索 [M]. 长春：吉林人民出版社，2018.08.

[17] 郝世华 . 历史教学与传统文化 [M]. 北京：北京工业大学出版社，2018.06.

[18] 刘道梁 . 中学历史教学伦理研究 [M]. 北京：中国言实出版社，2018.01.

[19] 赵玉洁 . 基于问题的中学历史教学研究 [M]. 北京：科学出版社，2018.11.

[20] 焦非非 . 学科核心素养导向的中学历史教学 [M]. 广州：华南理工大学出版社，2018.12.

[21] 杜芳，付海晏 . 中学历史教学研究 [M]. 武汉：华中师范大学出版社，2019.01.

[22] 孙智勇，黄妙茜，钟素芬 . 历史教学与思维创新 [M]. 长春：吉林文史出版社，2019.08.

[23] 王芳 . 历史教学设计与案例研究 [M]. 长春：吉林人民出版社，2019.12.

[24] 吴美娟 . 基于学科素养的中学历史教学设计 [M]. 广州：华南理工大学出版社，2019.03.

[25] 方勇 . 核心素养视域下的中学历史教学设计 [M]. 上海：上海大学出版社，2019.08.

[26] 庞明凯 . 核心素养导向下的高中历史教学探索 [M]. 长春：吉林人民出版社，2019.07.

[27] 喻照安 . 历史对话教学研究与实践 [M]. 武汉：武汉大学出版社，2019.06.

[28] 凤光宇 . 中学历史学科核心素养教学实践研究 [M]. 上海：上海教育出版社，2019.05.

[29] 袁楚山.历史教学与方法创新 [M].长春：吉林文史出版社，2019.06.

[30] 郑林.中学历史教学论 [M].北京：高等教育出版社，2019.11.

[31] 姜少梅.历史教学的思与行 [M].北京：北京燕山出版社，2019.12.

[32] 池元通.高中历史教学的核心素养 [M].长春：吉林文史出版社，2019.06.

[33] 陈洁平.历史教学与课堂互动研究 [M].长春：吉林文史出版社，2019.10.

[34] 刘存杰.历史教学改革与创新探究 [M].北京：团结出版社，2019.08.